국어사대계 서설

국어사대계

국어사대계 서설

초판 1쇄 발행 2023년 12월 20일

지은이 | 박창원

펴낸곳 | (주)태학사
등록 | 제406-2020-000008호
주소 | 경기도 파주시 광인사길 217
전화 | 031-955-7580
전송 | 031-955-0910
전자우편 | thspub@daum.net
홈페이지 | www.thaehaksa.com

편집 | 조윤형 여미숙 고여림
디자인 | 김현주
마케팅 | 김일신
경영지원 | 김영지

ⓒ 박창원, 2023. Printed in Korea.

값 19,000원
ISBN 979-11-6810-224-8 (93710)

책임편집 | 조윤형
표지디자인 | 김현주
본문디자인 | 최형필

국어사대계

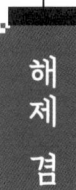
해제 겸

국어사대계 서설

박창원 지음

태학사

책을 시작하는 글

우리 민족은 반만년 가까이 한반도와 만주 일대에서 단일민족의 정체성을 확보하면서 다국가 혹은 일국가를 형성하면서 살아왔다. 세계화 내지는 국제화 혹은 지역지구화 시대라고 일컬어지는 현 시대에, 한국과 한국어는 지금까지 경험하지 못했던 새로운 상황을 맞고 있다. 그것을 세 가지 피상적인 표현으로 요약하면, 첫째 내적인 문제, 둘째 외적인 문제, 셋째 다른 언어와의 관계에서 빚어지는 문제[1] 등이 될 것이다.

(언어 문제로 한정하면) 한국어의 내적인 문제는 분단된 남북 언어의 이질성 축소와 동질성 확대에 관련된 문제이고, 외적인 문제는 한국어의 세계화와 관련된 한국어의 국내외 보급에 관련된 문제이다. 그리고 다른 언어와의 관계에서 빚어지는 문제는 다문화 사회의 도래와 관련하여 다른 언어를 '어떻게 어느 정도로' 수용할 것인가 하는 문제와 세계어로서의 위치를 확보한 영어의 압박을 어떻게 방어할 것인가 하는 문제로 나누어 볼 수 있다.

내부적인 위축과 외부적인 확산이라는 모순적 갈등 속의 한국어는 때로는 표류하기도 하면서, 때로는 정상적인 항해를 하기도 하면서, 조금씩

---

[1] '내적인 문제', '외적인 문제', 그리고 '내외의 관계에 관한 문제' 등으로 분류하는 것이 개념상 명확한 것은 아니지만 대체적으로는 수긍할 수 있는 분류 방법이기에 선택한 것이다.

그 위상을 높게 하면서 존재하고 있다. 한국어의 세계적 공용어화 내지는 한국어의 세계화를 위해서 무엇을 해야 하는가 등등의 문제가 중요한 문제로 떠오르고 있는 현재의 시점에서, '우리말의 역사는 무엇을 할 수 있을 것인가?' 하는 구상에서 《국어사대계》는 출발하였다. 미래는 현재에 영향을 받고, 현재는 과거에 의해 결정되었기에, 현재와 미래를 위해 과거의 흐름을 제대로 이해하고, 과거 속에 담겨진 창조적, 잠재적 의미를 파악하기 위해, 한국어나 한글을 공부하고 가르치는 사람을 위해 한국어나 한글의 역사 속에 담겨진 기본적이고 종합적인 의미를 파악하고 전달하기 위해 《국어사대계》는 구상된 것이다.

이제야 《국어사대계》의 '서설'을 만든다. 한참 전에 마무리를 하고 싶었는데, 능력이 부족한 데다, 눈 수술이 잘못되어 좋은 글을 읽고 수정, 보완하지를 못해 마무리가 너무 늦어지게 되었다. 다른 학자들의 훌륭한 글을 제대로 읽지 못하니 우매한 저자의 글이 진도를 나가지 못하게 되었던 것이다. 학문의 세계를 포함하여 인간의 삶이란 자극과 반응에 의해 균형과 조화가 이루어지고, 그러한 과정을 통해 발전해 나간다는 것을 다시금 느낀다.

계속 늦출 수 없어 현 단계에서 마무리하고, 혹시 건강 상태가 좋아지면 보충할 부분을 '다음에 고치지' 하는 변명을 부끄러움으로 여기면서 마무리를 하기로 한다. 이 정도의 글은 1년 반 정도 이전에 정리해 놓은 것인데, 눈 수술 후 제대로 보지 못해 계속 미루어 오다 총무를 맡고 있는 한양대 신중진 교수의 강력한 권고에 의해 현 상태에서 일단 마무리하기로 하였다. 맨 먼저 나와야 할 '서설'이 계속 미루어지는 것은 더 큰 실례를 저지르게 된다는 생각에. 늦게 내고, 완성되지 못한 책을 내어서 죄송하다는 말씀과 함께 남긴다.

《국어사대계》의 서설을 집필하게 된 것은 김성규 교수의 권유에 의해

서이다. "'서론'을 박창원이가 집필하마." 했더니 "서론은 모든 책의 앞부분에 서론이 다 있는데, 대계의 앞부분에는 '서설'이 있어야지요."라고 권유하여 '서설'을 작성하게 되었다.

본 '서설'은 조금 특이한 체제를 갖추었다. 책의 앞부분에는 전체적인 목차를 달되, 아주 간단하게 달고자 한다. 그리고 각 장이 시작되는 부분에서 비교적 상세한 목차를 달고자 한다. 그리고 참고 문헌도 각 장마다 따로 달고자 한다.

각 장의 교정은 이화여대 재직 시절 제자가 해 주었다. 제2장은 박민희 선생이, 제3장은 김정인 선생이, 제4장은 김혜림 선생이 교정을 해 주었다. 이 자리를 빌려 고마운 마음을 전한다. 항상 건강하고 행복하면서 학문이 익어 가기를 바란다.

책이 완성되지 못한 상태에서 출간하게 되어 그저 죄송한 마음이 더할 뿐인데, 그냥 기다릴 수 있는 상황이 아닌 것을 조금 이해해 주시기를 바란다. 저자도 빨리 눈이 회복되어 수정증보판을 낼 수 있기를 바란다.

이번에 펴내는 《국어사대계》는 전체적으로 세 부분으로 구성되어 있다. 첫 부분은 20여 년 전 전광현, 송민 두 분 선생님의 회갑으로 『국어사연구』(1999)를 펴냈는데 당시의 필자들(당시 50대 주축)을 중심으로 확대 개편한 것이 첫 부분이고, 당시의 필자들보다 연세가 많고 국어사를 개척한 분들의 논문을 모은 『국어사 논문 걸작선』(열여섯 분의 19편 논문 수록)이 두 번째 부분이고, 2023년 현재 50대, 60대를 중심으로 30분 내외의 학자들이 집필했거나 집필하고 있는 부분이 세 번째 부분이다. 기존 원고 게재를 허락해 주시거나 새로 원고를 집필해 주셔서 명실상부한 《국어사대계》가 되게 해 주신 모든 필자분들께, 《국어사대계》 간행위원을 대표하여 머리 숙여 감사드린다.

국어에 관한 좋은 책을 지속적으로 출간해 주는 태학사 지현구 회장님과 관련 인사들에게도 감사드린다. 항상 건강하면서 국어에 관한 좋은 책을 지속적으로 출간해 주시기 바라고, 태학사의 출판 사업이 더욱 번창하기를 바란다.

마지막으로 《국어사대계》가 앞선 연구를 정리하고, 새로운 연구를 위한 조그마한 디딤돌이 되기를 원하는 소망을 남기고 싶다.

2023년 11월
박창원 적음

차례

책을 시작하는 글 • 4

제1장 시작하는 글

여는 글 … 13
제1절 국어사 연구의 목적 … 14
제2절 국어사 연구의 확장 – 언어 변화의 이해 … 21
제3절 결론에 대신하여 … 38

제2장 언어 변화의 유형

여는 글 … 41
제1절 통시적 시각의 변화 … 43
제2절 내부 요인에 의한 변화 (1) … 61
제3절 내부 요인에 의한 변화 (2) – 유추 … 72
제4절 외부 요인에 의한 변화 – 차용 … 79
제5절 결론에 대신하여 … 82

제3장 연구 방법

여는 글 … 89
제1절 자료와 검토 … 91
제2절 재구 (1) – 일반 … 96
제3절 재구 (2) – 차자 자료 … 103
제4절 상대적 연대순 … 115
제5절 타당성 검증 … 118
제6절 결론에 대신하여 … 127

제4장 간추린 국어사

제1절 인류의 진화와 세계의 언어 그리고 한국어 … 133
제2절 한국어의 계통 … 138
제3절 한국어(언어 공동체)의 생성과 시대 구분 … 142
제4절 한국어의 표기 … 152
제5절 한국어의 역사 … 155
제6절 한국어의 현재와 과제 … 181
제7절 한국어의 당면 과제들 … 188
제8절 결론으로 붙이는 말 … 193

《국어사대계》 발간의 말씀 • 205

《국어사대계》 전체 목록 • 207

제1장

시작하는 글

여는 글

제1절 국어사 연구의 목적
1.1. 국어의 통시적 변화 이해 | 1.2. 고전 문헌의 이해 | 1.3. 한국 문화의 이해 |
1.4. 현대국어의 사실적(통시적) 이해

제2절 국어사 연구의 확장 – 언어 변화의 이해
2.1. 언어의 기본적인 속성 | 2.2. 언어 변화의 기본 단계는 어떻게 되는가? |
2.3. 존재와 언어 변화의 실체는 무엇인가? | 2.4. 언어는 왜 변화하는가? |
2.5. 언어는 왜 변화하는가? – 언어 자체의 변화 | 2.6. 언어는 어떻게 변화해 가는가?

제3절 결론에 대신하여

여는 글

　인간을 인간 이외의 다른 존재 혹은 생물체와 비교하여, 인간만이 가지고 있는 가장 큰 특징 내지는 대표적인 특징이 무엇이냐고 질문한다면, 그 답은 '인간은 말을 하고 있다.'는 것이 될 것이다.
　인간을 인간답게 해 주는 가장 대표적인 특징인 이 언어는 시간의 흐름과 더불어 변화해 가고, 공간의 차이에 의해 달리 변화해 간다는 것은 이미 확인된 사실이다. 그런데 언어의 변화에 대한 아주 기초적인 질문에 대해 우리는 아주 무지한 상황이다. 언어의 어떤 면이 어떻게, 그리고 얼마만큼 변화해 갈까. 언어 내지는 언어의 변화를 보는 시각 역시 인지의 변화 내지는 발달과 더불어 변화해 가는데 이 또한 어떻게, 얼마만큼 변화해 갈까. 그리고 언어의 변화와 언어를 보는 시각의 변화에 종착역은 있는 것일까. 이러한 기본적인 질문에 대해 우리는 답을 거의 가지고 있지 못하다.
　이 책 역시 이러한 기본적인 질문에 대한 답은 준비하지 못하고 그냥 변죽만 조금 건드릴 뿐이다. 제1장에서 다루고자 하는 내용은 대략 다음과 같다.
　제1절에서는 국어사를 연구하는 목적에 대해 다루고자 한다. 제1절에서 국어사 연구의 1차적인 직접적 목적에 대해 약간의 논의를 하고, 제2절에서는 국어사 연구의 2차적이지만 언어 변화에 대한 근원적인 질문에 대해, 초보적인 논의라는 한계를 가지겠지만 약간의 문제 제기를 하고자 한다. 그리고 제3절에서는 변화 그 자체에 대한 기본적이면서 원초적인 문제—변화의 원인, 실체 등에 관한 약간의 논의를 하고자 한다.

제1절 국어사 연구의 목적

국어사 연구는 왜 해야 하는가, 연구의 목적은 무엇인가 하는 문제를 제기하는 데서부터 국어사 연구는 출발할 것이다. 이러한 문제를 해결하기 위해 국어사 연구자는 첫째, 국어사에 관련된 자료를 모집하고 비판하여 정리하고, 둘째, 국어사의 어느 시점에 존재했던 언어 체계와 변화 규칙을 추정하고, 셋째, 그것들이 존재했던 상대적 연대순을 파악하고, 넷째, 국어사에 존재했던 언어 체계 그리고 그것의 변화 규칙이 통시적으로 어떻게 변화하였는가 하는 것을 밝히는 것이다. 더 나아가 국어의 통시적 변화 과정을 통하여 언어의 일반적인 변화 유형이나 변화 법칙을 추출해 내는 것이다.

1.1. 국어의 통시적 변화 이해

위와 같은 작업을 수행하기 위한 국어사 연구의 1차적 목적은 한국어가 통시적으로 어떻게 변화해 왔는가를 추적하여 한국어의 역사를 재구하는 데 있다.[1] 이러한 작업에는 한국어의 오래된 모습을 추정하고, 이를 다른 언어와 비교하고 대조하여 한국어와 친족관계에 있는 언어를 찾아내어 한국어의 계통을 밝히는 작업도 포함될 것이고, 한국의 역사와 관련하여 국어사의 시대구분을 획정하는 것도 필요할 것이다. 전체적으로 시대구

---

1 앞에서 언급했던 자료의 수집 등의 문제는 국어사를 재구하기 위한 방법에 해당될 것이다.

분을 3단계(고대, 중세, 현대)로 할 것인지, 4단계(고대, 중세, 근대, 현대)로 할 것인지, 아니면 5단계(원시, 고대, 중세, 근대, 현대)로 할 것인지를 결정하고, 방언의 역사나 개별 언어 항목의 역사—예를 들면 '국어 모음체계의 역사'나 '경어법의 역사'를 전체적인 시대구분과 같이할 것인지 개별적으로 독립적으로 할 것인지도 논의해야 할 것이다.

아울러 종합적인 개별 항목의 역사, 예를 들면 음운사, 문법사, 어휘사 등의 시대에 따른 체계화를 논의하고, 지엽적인 개별 항목의 역사, 예를 들면 자음체계의 역사, 시상법의 변화 등의 체계화를 어떻게 조화시킬지 고민해야 할 것이다.

국어사의 첫 번째 목표는 국어의 통시적 변화 그 자체를 논의하고 이해하기 위한 것이고, 전체사이든 개별사이든 이를 체계적으로 이해하기 위한 것이다.

1.2. 고전 문헌의 이해

국어사 연구의 두 번째 목적은 과거 우리 조상들이 사용했던 문자들[2]을 정확하게 해독하고, 해석하여 과거 문헌에 대한 정확한 이해를 돕는 것이다. 훈민정음 창제 후 나오는 〈용비어천가〉의 다음 구절은 당시의 표기법과 언어를 재구한 후에야 정확한 해석이 가능한 일이다.

> 불휘기픈 남ᄀᆞᆫ ᄇᆞᄅᆞ매 아니 뮐씨 곶 :됴코 여름·하ᄂᆞ·니
> ᄉᆡ미기픈·므른 ᄀᆞᄆᆞ래 아니 그츨씨 내히 이러 바ᄅᆞ래 가ᄂᆞ니
> (뿌리 깊은 나무는 바람에 아니 움직이므로, 꽃이 좋고 열매가 많으니

---

[2] 여기서 조상들이 사용했던 문자들이란, 한자 차자표기를 포함한다.

샘이 깊은 물은 가뭄에 아니 그치고 내가 이어져 바다에 가느니)

당시의 표기법은 현대국어와 같은 분철이 아니고, 연철이 기본이었다. 현재 사용되지 않는 문자가 있어서 현대국어와 사뭇 다른 단어가 많은데, 이들은 현대국어의 어느 단어와 대응이 될까 하는 문제를 추정을 해야 그 의미의 해석이 가능한 것이다.

훈민정음을 창제하기 이전에 차자표기로 만들어진 〈제망매가〉의 다음 구절도 그 사정은 더 심각해진다.

生死路隱 此矣 有阿米 次肹伊遣
吾隱去內如辭叱都 毛如云遣去內尼叱古
(생사로는 여기에 있으니까 〈미상〉
나는 간다는 말도 몯 다 말하고 가십니까?)

당시의 우리말 표기에 사용된 한자는 현대국어와 같이 음으로 읽히기도 하고(예: 생사로), 뜻으로 읽히기도 했구나 하는 사실을 발견하게 된다(예: 此)이, 有)잇, 吾)나, 去)가, 辭叱)마랏?, 云)이르-). 우리말에는 문법형태소가 아주 발달되어 있는데 중국어에는 문법형태소를 표기해 줄 수 있는 대응 자료가 없기 때문에 우리 조상들은 문법형태소를 표기해 주기 위해 단어문자인 중국 문자를 때로는 음절문자처럼 변용하기도 하고(예: 隱)은, 矣〈에, 阿米〉아매, 內)ᄂ, 尼)니, 古)고), 음소문자처럼 변용하기도 한 것이다(예: 叱)ㅅ).

이처럼 국어사 연구는 문자로 표기된 언어의 모습을 찾아내어 고전 문헌을 제대로 이해하는 데 결정적인 역할을 하는 것이다.

1.3. 한국 문화의 이해

국어사 연구의 세 번째 목적은 전통적인 한국 문화를 총체적으로 이해하는 데에 기여하는 것이다. 특히 한국의 전통적인 정신문화를 올바로 이해하여 민족정신을 제대로 세우는 데에 기여하는 것이다. 앞에서 언급하였듯이 인간의 가장 큰 특징은 언어를 사용하는 것이다. 인간은 언어를 사용하기에 다른 사람과 소통하고, 다른 사람의 지식이나 경험을 습득하여 새로운 지식을 재창조하여 인류 문화를 이룩한 것이다. 우리 민족은 아득한 옛날 하나의 언어공동체가 만들어진 이후 지금까지 우리말로써 일상생활을 영위하고, 우리말로써 사색하고 사고하면서, 우리말로써 우리 문화를 이루어 왔던 것이다. 이처럼 우리말에는 우리 민족의 물질적, 정신적 문화가 각 시대별로 혹은 전체적으로 고스란히 담겨 있는 것이다.

앞에서 예를 들었던 〈제망매가〉에서 천몇백 년 전에 우리 조상이 가졌던 정서―동생을 보내면서 안타까워 하고, '간다는 말도 못하고 가느냐'는 안타까움을 더해 가면서 슬퍼하는 우리 민족의 정서가 과거나 지금이나 변함없이 그대로 면면히 흐르고 있다는 것을 알 수 있고, '뿌리가 깊은 나무는 바람에 흔들리지 않고, 꽃도 좋고 열매도 좋다.'는 교훈적인 의미는 우리 민족의 정신문화를 이루면서 그대로 유지되고 있는 것이다.

또한 한글 창제에 담긴 우리 민족의 정신문화를 알 수 있다. 그것은 당시에 있던 문자의 소리의 분석을 통하여 조음기관과 조음방식의 요모조모를 다 파악하고, 조음기관의 자질을 파악하여 소리들의 관계를 창조적으로 이해하게 된다.

여기에 표기의 방식에 대한 고민을 더해 음소적인 표기와 형태음소적인 표기를 이해하고, 후대에 이들 상반된 두 원리를 조화시켜 새로운 표기법을 만들어 내게 된다. 그리하여 촘스키의 이론이 나오기 몇십 년 전에 현대국어의 공시적인 상황에서 설명할 수 있는 것은 형태음소적인 표기를 채택하는(예: [업꼬], [엄는], [업써서]로 발음되는 것은 형태음소적인 표기법을 채택하여 '없고, 없는, 없어서'로 표기하고, [덥꼬], [더워서]로 발음되는 것은 음소적 표기법을 채택하여 '덥고, 더워서'로 표기한다) 것으로, 달리 표현하면 음운규칙의 공시적 타당성을 고려하여 표기법을 완성하게 되는 것이다. 문자의 창제와 표기 방식에 관하여 당시 존재하던 기존 문화를 이해하고, 이를 넘어서서 새로운 이론을 창제하여 첨가하고, 실제적인 운용에 있어서는 일관된 원리에 의해 상반된 두 원리를 조화를 꾀하는 정신문화를 남기게 되는 것이다.

그뿐만 아니라 이러한 방법[3]을 결정하는 과정에는 기존의 원리를 주장하는 학자들과 새로운 변화를 추구하는 학자들이 장기간에 걸친 토론의 모습을 보여 주고, 토론의 결론으로 이러한 이론을 도출하게 되는 것이다. 변화 내지는 혁신을 도모하고, 더 나은 결론에 도달하는 토론 정신, 이것도 당시의 문헌을 보면서 우리 후손들에게 조상들이 물려준 값진 정신문화의 한 단면이 된다.

이처럼 국어사 연구를 통해 습득된 지식으로 고전 작품을 이해하여 우리 민족이 근저에 가지고 있는 문화유산, 특히 정신문화의 맥락을 짚어 볼 수 있는 것이다.

1.4. 현대국어의 사실적(통시적) 이해

현재라는 것은 과거의 누진체이다. 아주 옛날부터 조금씩 변화하여 누적된 결과가 현재인 것이다. 현대국어에서 특이하게 보이는 것은 모두 역사적 변화에 기인하는 것이다.

---

3 이 방법의 핵심은 '소리대로 적되 어법에 맞게'라는 표현에 응축되어 있다. 이에 대한 구체적인 설명은 박창원(2012), 『한국어의 표기와 발음』(지식과 교양)을 참고하기 바란다.

현대국어에서 특이한 교체형을 보이는 대명사들이 있다. '나'와 '내', '너'와 '네', '저'와 '제' 등이 교체를 보이는 예들이 그것이다. 단독형일 때는 '나'로 나타나고 보통의 곡용에서도 '나'가 나타나는데(예 : '나는, 나도, 나를' 등), 반면에 주격과 속격일 때에는 '내가, 내책' 등으로 나타나는 것이다. 이러한 특이한 교체는 통시적 지식으로 해결된다. 이들은 본래 '나'였고, '내'의 출현은 '나 + 주격조사 ㅣ', 혹은 '나 + 속격조사 ·ㅣ' 등의 결합형이 이중모음 '내' 등으로 나타나고, 이중모음 [ai]가 축약하여 단모음 [æ]로 나타나고, 이들이 이전에 결합하던 주격과 속격에 그대로 사용되고 있는 것이다. '내가'로 나타나는 것은 주격조사가 의식되지 못하기 때문에 주격조사 '-가'가 한 번 더 중첩된 것이다.

국어에 대한 통시적 지식은 현대국어에 특이하게 나타나는 이질적 발음 현상을 이해하는 데에도 도움이 된다. 현대국어에서 종성에 'ㄹ'을 가지고 있는 단어들인 '물, 불, 살' 등은 '고기'와 결합하여 복합어를 이룰 때 아주 다양한 모습을 보여 준다. '물+고기, 불+고기, 살+고기' 등이 [물꼬기], [불고기] [살코기] 등으로 발음이 달라지는 것이다. [물꼬기]가 되는 것은 이들의 단어 구조가 본래 속격 'ㅅ'이 존재하는 단어 구조였기 때문이고, [불고기]는 그러한 단어 구조가 아니기 때문이고, [살코기]가 되는 것은 '살'이 이전에 'ㅎ종성체언'이었기 때문이다.

국어에 대한 통시적 지식은 현대국어의 방언차를 이해하는 데에도 유익하다. 현대국어의 표준어에서 '네가 사람인가?, 너는 사람인가'라는 표현에 대해 일부 방언에서는 "니가 사람갸?, 니는 사람갸?'라는 표현을 사용하고 있다. 표준어의 'ㅓ, ㅔ"에 대해 'ㅣ'로 대응되고 있고, 의문문의 구성에서 표준어의 '-이다' 구문에 의문첨사 '-ㄴ가'가 결합한 반면 일부 방언에서는 의문첨사 '-가'가 바로 결합한 것이다. 전자는 방언형에서 '너+ㅣ'가 모음의 축약에 의해 'ㅔ'가 되고, 'ㅔ'의 개구도 축소에 의해 'ㅣ'가 되었기 때문이다. 그리하여 '니'와 '너'가 공존하다가 '니'로 단일화를 경험한 것으로 추정된다. 반면, 의문문의 구성에서는 명사에 '가'가 붙어 의문문이 되는 이전 시대의 의문문 구성 방식을 그대로 유지하고 있는 반면에, 중부 방언 내지 표준어에서는 명사 의문문이 없어지고 서술격 어미 '-이다'가 결합하는 새로운 통사 구조가 만들어졌기 때문이다.

이렇게 현대국어의 다양성—문법과 음운 등의 방언차에 대한 이해를 도모하거나, 단어 구성의 차이에 의한 발음의 변이 혹은 파생어나 복합어 등에 남아 있는 이전 체계의 흔적 등을 이해하기 위해서는 국어사적인 지식이 필수적인 것이다.

제2절 국어사 연구의 확장—언어 변화의 이해

언어의 통시적(혹은 역사적) 변화를 과학적으로 연구한다는 것은 얼핏 보아 각기 다른 듯이 보이는 세 가지의 영역을(이들의 기본적인 성격은 서로 통한다는 전제 아래) 통합적으로 혹은 전체적으로 연구하는 것이다. 각기 다른 세 가지의 영역이란, 첫째 언어란 어떻게 생성된 것인가, 둘째 생성된 후 어떻게 변화하였는가, 셋째 미래에도 존재할 것인가(변화의 종착점은 있는가) 등이 될 것이다.[4] 통합적으로 혹은 전체적으로 연구한다는 것은 이들이 상호 연관 속에서 유기적으로 존재하고 하나의 변화는 다른 것과의 인과 관계 속에서 존재한다는 것이다.

세상의 모든 존재가 그러하듯, 사람은 계속 변화하여 가고, 사람이 사용하는 언어도 왜 끊임없이 변화해 가는가? 과거에 변화해 온 유형이나 원인을 찾아볼 수 있는 것인가? 미래에 변화해 갈 방향은 예측할 수 있는 것인가? 언어가 변화해 가는 궁극적인 목적이나 지향점은 있는 것인가?

이와 관련된 기본적인 질문에 대해서는 답을 가지고 있지 못하다. 세 가지의 각기 다른 영인간의 존재와 관련하여 우리가 그 답을 알지 못하는 여러 가지 질문들에 대한 답을 구하고자 욕심을 부리지 않고, 이와 관련된 몇 가지 문제의 주변을 울려 보기로 한다.

---

[4] 이것은 모든 존재의 역사적인 연구와 공통적인 것이다.

2.1. 언어의 기본적인 속성

언어의 한 단위는 기본적으로 뜻과 소리를 가진다. '사람'이라고 했을 경우 그 단어가 지칭하는 뜻(혹은 개념)—우리 머릿속에서 생각하는 인지 과정—과 허파에서 대기로 나오는 공기의 흐름에 의해 만들어지는 [사람]이라는 소리로 구성된다. 그리고 이러한 단어들이 실제 의사 소통에서 기능을 하기 위해서는 소위 '문장'이라는 일정한 구조를 가지고 있어야 한다.

이러한 언어는 인간에 의해 사용될 때에 제 기능을 하게 되는 것이지, 인간이 사용하지 않으면 언어는 존재의 의미를 가지지 못한다. 개인적으로 의식의 작용으로 사용하든가 다른 사람과의 소통을 위해 사용하든가, 인간이 사용함으로써 언어는 존재가 확인된다. 만약 특정한 언어를 사용하는 인간이 없으면 그 언어는 소멸하게 된다. 언어의 존재는 필수적으로 인간의 존재를 전제로 하여 성립되는 것이다.

또한 언어는 그것이 지칭하는 그 무엇이 있어야 존재하는 것이다. 언어는 독자적으로 존재할 수 있는 것이 아니다. 의미하는(혹은 지칭하는) 대상이 없을 경우 언어는 존재하지 못하는 것이다. 언어의 존재는 그 대상의 존재를 전제로 하여 그에 의존적으로 존재하는 것이다.

여기서 언어의 변화와 관련하여 다음과 같은, 초점을 달리하는 상반된 질문이 제기될 수 있다.

첫째, 언어의 변화는 인간의 의식(혹은 의도나 계획)의 변화에 의해 발생하는(혹은 결정되는) 것인가?

둘째, 언어의 변화는 대상의 변화에 의해 변화되는(혹은 결정되는) 것인가?

* 인간에게 종속적이고, 대상에게 의존적(혹은 종속적)이다. 동시에 인간으로부터 독립적이거나 독자적인 면을 가지고 있고, 대상으로부터도 독

립적인 면을 가지고 있다.

　독립적이면서 동시에 종속적이다. 언어는 자신의 이러한 측면을 표현할 수 있는 창조적인 언어를 만들지 못한다. 스스로 유기체적인 성질을 가지고 독자적으로 생성하지 못하는 것이다. 대상이나 개념의 경우도 동일하다. 대상이나 개념이 없는 언어는 언어로서의 기능을 하지 못한다. 물론 단어를 만들고 이에 합당한 대상을 만들 수는 있지만 이 경우도 이미 개념이 예견되기 때문에 가능한 현실이다.

　인간의 언어와 사고는 이분법 등에 능하다. 영혼과 육체, 이성과 감성, 선과 악 등등의 이분법에 익숙하거나 능숙하지만 이들을 동시에 가지고 있는 단어 내지는 개념은 만들지 못하고 있다. 종속적이면서도 동시에 독립적인, 혹은 독립적이면서 동시에 종속적인 유형을 지칭할 수 있는 개념 내지는 단어는 만들지 못하고 있는 것이다.

　언어는 인간이나 사물(현상, 개념 등) 등에 독립적이면서 종속적인 존재인 것이다.

2.2. 언어 변화의 기본 단계는 어떻게 되는가?

2.2.1. 존재의 생성에 대한 기본적인 질문들

　인간들이 살고 있는 태양계는 언제 어떻게 만들어졌는가? 태양계가 속해 있는 이 우주는 언제부터 존재했는가? 우주와 태양계는 어떻게 이런 속성을 가지고 이런 양상으로 존재하게 되었는가?

　지구에 공기는 처음부터 있었는가, 아니면 언제 어떤 과정으로 생성되었는가? 코아세르베이트라는 원생명체는 어떻게 생성되었고, 이는 어떤 과정으로 지구의 다양한 생명체로 분화하고 변화하였는가? 땅속에 뿌리를 박고, 흙 속에 있는 필요 성분을 섭취하는 식물과 움직이면서 땅 위에 있는 필요 성분을 섭취하는 동물로 나뉘고, 그 동물들은 단세포인 것도 있고 다세포인 것도 있는데, 이러한 분화는 어떻게 생성된 것인가? 동물 중 가장 발달한 포유류는 일정 기간 암컷이 새끼를 몸속에서 자라게 하고 젖을 먹여 키우는 공통성을 가지고 있는데, 이는 어떻게 설명할 수 있는가? 포유류 중 목이 가장 긴 기린이나 비교적 짧은 편인 사람이 공통적으로 목뼈를 7개 정도 가지고 있는데, 이 공통성은 무엇을 의미하는가?

지구상에 살고 있는 인간들의 조상이 되는 현생인류(호모사피엔스)는 어떻게 하여 두 발로 서서 걷기 시작하고(직립보행), 언어를 사용하기 시작했는가? 인간만이 가지고 있고, 모든 인간이 사용하는 이 언어는 어떻게 생성되고, 모든 언어의 보편적인 특징 = 소리와 의미의 결합, 문장의 사용, 인지의 공통성 등은 무엇을 의미하고, 종족에 따라 다른 언어를 사용하는 이질성은 또 무엇을 의미하는가? 공통성과 개별성의 조합 내지는 공존으로 존재하고 있는 이 언어는 어떻게 생성되었는가?

존재하고 있는 모든 것이 시간의 흐름과 함께 변화해 가듯이 언어도 끊임없이 변화해 가는데, 왜 그러한 변화가 일어나는가? 언어의 기본적인 두 요소인 인간의 인지작용과 발성기관이 변화하기 때문인가?

이러한 원초적인 질문들에 대해 우리가 답을 할 수 있는 것은 별로 없다. 대답을 할 수 있다 하더라도 아주 피상적이고 조그만 문제들에 대해서만 한정적으로 답을 할 수밖에 없는 것들이다. 언어가 '과거에 변화해 온 유형이나 원인'에 대해 언어학자들이 연구한 것에 대해 약간을 정리해 볼 것이다. 이에 대해서는 이 책의 제3장과 제4장 그리고 제5장에서 주제에 따라 구분하여 조금 상세하게 논의될 것이다.

2.2.2. 존재 변화의 범위와 유형

존재하고 있는 모든 것이 변화해 가듯 언어 역시 끊임없이 변화해 간다. 여기서 기본적/원초적으로 제기되는 문제는 바로 '왜 언어는 부단히 변화하는가?'가 될 것이다. 변화라는 것은 언어를 포함한 모든 존재의 본질적인 특성인가?[5] 언어의 변화는 언어 자체의 본질적인 특성에 의한 것인가, 아니면 언어를 둘러싼 혹은 언어가 사용되는 사회문화적 환경의 변화에 의한 것인가, 아니면 사용자인 인간에 의해 변화하는 것인가?

언어의 변화 가능성은 어디서 찾을 수 있을까? 변화의 원인이 무엇이든, 언어가 변화할 수 있는 가능성 내지는 변화할 수밖에 없는 속성은 언어가 지칭하는 대상과 필연적인 관계에 있는 것이 아니고, 임의적인 관계에 있기 때문이다. 물론 언어와 그것이 지칭하는 대상이 필연적인 관계에 있다 하더라도 대상의 변화에 따라 언어 역시 같이 변화할 수밖에 없으므로 변화의 동인은 발생하게 되는 것이다.

시간의 흐름에 따라 언어는 어느 정도로 얼마만큼 다르게 변화해 갈까? 21세기의 한국인이 1500년 전쯤의 신라 사람을 만나면 의사소통이 가능할까? 500년 전쯤의 조선 사람을 만나면 어떠할까? 100년 차이가 나는 사람과의 대화는 어느 정도 가능하고, 소통이 되지 않는 부분은 얼마나 될까? 같은 시대에 공존하고 있는 30년 정도 차이나는 다른 세대와는 어떠한가? 같은 시대에 공존하고 있는 같은 세대는 의사소통이 모두 가능한가?

세대 간의 차이와 개인적인 차이나 집단 간의 차이에 의한 것은 분리할 필요가 있을 것이다.

---

[5] 그러한 본질은 어떻게 만들어졌는가 하는 문제도 제기되겠으나 이는 존재의 생성과 더 가까운 문제이다.

소통이 가능한 것과 불가능한 것의 한계는 어떻게 정할 수 있을까?

언어의 무엇이 변화해 갈까? 구성 요소 중심으로 변화해 갈까, 아니면 구성체 중심으로 변화해 갈까?

2.2.3. 존재의 소멸

존재하고 있는 모든 것은 언젠가는 없어질 것인가? 유기체이든 무기체이든, 혹은 가장 작은 존재이든 가장 큰 존재이든(그것이 무엇인지 모르지만) 모두 없어질 것인가? 개체의 소멸에 이어 종족이나 범주도 언젠가 없어질 것인가? 존재하고 있는 것들이 소멸하고 나면 새로운 존재가 생성될 것인가, 아니면 무존재인 상태로 존재할 것인가? 이러한 질문에 대해 우리가 준비한 것은 없다. 의미 있는 질문인지 의미 없는 질문인지 판단할 기준도 없다. 영원한 수수께끼의 질문으로 남을는지 모른다.

인간이 사용하는 언어도 무한히 많은 숫자의 언어가 없어진 것으로 알고 있다. 특정한 언어를 사용하던 종족의 멸망 내지는 소멸과 더불어 그 언어도 사라진 것으로 이해하고 있다. 그러나 '언어의 소멸'이 무엇을 의미하는지 혹은 그것의 진정한 뜻이 무엇인지에 대해서는 별로 고민한 적은 없는 것 같다.

가까운 예를 들면, 한반도의 북방 만주 땅에 존재하던 북방 민족이 사용하던 여진족의 언어, 말갈족의 언어, 거란족의 언어 등은 사라진 것인가, 아니면 후대에 만주어나 몽고어로 살아남은 것인가?

언어의 소멸과 관련하여 고민해야 할 또 하나의 과제가 '문자'와 관련된 것이다. 잘 알다시피 문자는 언어가 가지고 있는 시간과 공간의 제약을 해결하기 위해 인간이 인위적으로 발명한 제품이다.

언어의 소멸을 단정할 수 있는 근거는 무엇인가? 언어의 개개 요소인 단어를 이루고 있는 '소리'와 '의미' 중 두 요소가 다 없어질 경우 소멸했다고 하는 것인가?

언어가 가지고 있는 생존 가능한 시간적인 제약 내지는 한계와 전파 가능한 공간적인 제약 내지는 한계를 극복하기 위해 만든 문자의 존재 내지는 소멸과 언어의 존재 내지는 소멸과 어떤 연관을 시켜야 하는가? 문자의 사용은 언어의 존재를 전제로 하는 것이고, 문자의 존재는 언어의 존재를 반영하는 것일진대, 문자로 존재하는 언어라는 표현은 가능한가?

옛날 어느 성현의 말씀이 문자로 남아 있고, 그 문자로 표상되는 언어가 음성적으로 사용되지 않지만 당시의 의미 내지는 개념이 살아 있을 때 언어는 소멸했다고 보아야 하는가, 아니면 언어의 속성인 '소리와 개념' 중 '소리'는 죽고 '의미'는 살아 있다고 보아야 하는가?[6]

이러한 문제에서 좀 더 근원적인 문제를 고민할 필요가 있다. 문자는 언어에 필수적인 요소가 아니고 보완적으로 존재하는 것이다.

언어의 존재에 대해 문자의 존재는 본질적이거나 필수적인 조건인가? 이에 대한 답은 부정적이다. 문자는 대략 지금으로부터 7000년 전후에 만들어진 것으로 추정되는데,[7] 인간의 언어는 그보다 훨씬 이전부터 존재해 왔던 것이다. 표기 수단이 없는 언어가 존재할 수도 있고, 언어의 표기 수단을 바꿀 수도 있다는 것을 고려하면, 표기라는 것은 본질적이거나 필수적인 것이 아니고 부수적이거나 임의적인 것이다. 우리 민족만 하더라도 문자가 없이 생활하다가 한자를 수용하여 우리말을 표기하게 되었다. 그 후 새로운 문자를 창제하여 한자와 더불어 사용하거나 새로운 문자만을

---

[6] 이러한 문제는 인간의 존재에 대해서도 비슷한 경우가 발생한다. 예를 들어 뇌사상태에 빠진 인간이 육체적으로 기능을 하고 있을 때 이를 생존하는 인간으로 보아야 하는가? 반대로 뇌는 살아 있는데 모든 신체적인 기능은 다했을 때 이를 살아 있는 생물체로 보아야 하는가? 신체적인 기능과 뇌의 기능 중 어느 것이 중요한지를 결정하고 그에 의해 '삶과 죽음'을 결정해도 되는 것인가?

[7] 인류의 고대 4대 문명, 즉 이집트, 메소포타미아, 인도, 중국 문명이 발생한 시기가 각 문화권에서 문자가 만들어진 시기이다.

사용하기도 하면서 우리말은 우리말대로 존재해 왔던 것이다. 다시 말해, 우리말의 표기 수단이 바뀌어 왔지만, 우리말은 우리말대로 정체성을 유지하면서 존재하고 또 변화해 왔던 것이다.

구성 요소의 일부는 죽고 일부는 살아 있을 때 이를 죽었다고 할 것인가, 아니면 살아 있다고 할 것인가? 이를 지칭할 수 있는 단어는 무엇인가? 왜 인간은 그러한 상태를 지칭하는 단어는 만들지 않았을까?

2.3. 존재와 언어 변화의 실체는 무엇인가?

2.3.1. 본질과 실존

한 존재라는 것의 실체는 무엇인가? 변화는 실체가 자체적으로 변화하는 것인가, 아니면 실체의 주변에 의해 변화하는 것인가? 이에 대한 답변을 위해 '실체'라는 존재를 '본질과 실존(혹은 현상)'이라는 표현으로 바꾸어 다시 질문해 본다면 그 질문의 방향은 다음의 세 가지 중 하나가 될 것이다.

가. 본질의 변화에 의해 실존(혹은 현상)의 변화가 만들어지는가?
나. 실존(혹은 현상)의 변화에 의해 본질의 변화가 해석되는 것인가?
다. 실존(혹은 현상)과 본질은 상호의존적으로 공존하며 둘의 변화는 동시적으로 발생하는 것인가?

이러한 질문에 대한 우리의 답은 다음과 같다. 본질에 의해 실존(또는 현상)이 만들어질 수도 있고, 실존(혹은 현상)에 의해 해석된 것이 본질이기도 하지만, 궁극적으로는 '실존(혹은 현상)과 본질은 상호의존적으로 공존하는 것이다.'라는 것이 우리의 생각이다.[8]

이와 관련하여 한 개체, 특히 인간이라는 존재의 실체는 모든 인간이 공유하고 있는 보편성에 의해 결정되는 것인가, 아니면 개별 존재만이 가지고 있는 개별적인 특징에 의해 결정되는 것인가? 이러한 문제에 대한 답은 당연히 '보편성과 개별성은 상호의존적인 것'으로, 둘 다 있어야 하나의 개체가 성립될 수 있는 것이다. 사안에 따라 보편성이 강조될 수도 있고 개별성이 강조될 수도 있지만, 전체적으로는 '보편성과 개별성의 공존'에 의해 하나의 개체가 성립될 수 있는 것이다.[9]

이러한 인식은 한 개체와 전체(구성 요소와 구성체)에 관해서도 비슷한 질문을 해 볼 수 있다. 구성체에 대한 구성 요소인 개인의 모든 활동은 오로지 그가 속해 있는 전체 혹은 구성체, 즉 민족이나 국가 혹은 사회의 존립과 발전을 위해 존재한다는 생각과, 구성체는 구성 요소로 구성되기에 개인의 존재 자체가 무엇보다 중요한 요소이고, 자율 혹은 자율의지에 의해 독립적으로 사고하고 의사와 행동을 결정해야 한다는 생각 등 상반된 두 생각 중 어느 것이 더 합당한 것일까? 이에 대한 정밀한 논쟁을 지금 할 수는 없지만, '전체 없는 개체 없고 개체 없는 전체도 존재할 수 없다.'는 것이 우리의 생각이다. 개체와 전체(혹은 구성 요소와 구성체) 역시 상호의존적으로 공존하고 있는 것이다.

---

[8] '존재'를 '본질'과 '실존'이라는 이분법으로 인식하는 것 자체가 인간의 인식 혹은 사고의 기본적인 한계일 수도 있다.
[9] 이러한 사고는 대립하는 모든 것으로 확대할 수 있다. 예를 들어 인간에게 '영혼이 중요한가, 육체가 중요한가?'라고 묻는다면 그 답은 '육체 없는 영혼은 존재할 수 없고, 영혼 없는 육체도 존재할 수 없다.'가 될 것이다. 내용이 중요하나 형식이 중요하냐고 묻는다면 그 답은 역시 '내용 없는 형식 없고, 형식 없는 내용은 있을 수 없다.'가 될 것이다. 형식의 유형이나 내용의 가치나 많고 적음은 달라질 수 있지만, 존재의 성립을 위해 둘 다 필요하고 상호의존적인 것이다. '모순'이라는 단어는 '어떤 방패도 뚫을 수 있는 창과 어떤 창도 뚫을 수 없는 방패' 둘 다 있어야 단어가 형성될 수 있고, 개념이 정립될 수 있는 것이다.

2.3.2. 기저와 표면

20세기 후반기에 언어의 실체는 '기저형과 표면형'[10]으로 구분되고, 규칙에 의해 기저형이 표면형으로 도출된다고 하였다. 이에 의하면 언어의 역사적 변화도 기저형의 변화에 의해 표면형의 변화가 이루어진다고 할 수 있을 것이다. 이를 본질과 실존에 비유하고, 통시적 변화와 관련된 질문을 제기하면 다음과 같이 나누어 볼 수 있을 것이다.

 가. 통시적 전달과 변화의 주체는 기저형이다.
 나. 통시적 전달과 변화의 주체는 표면형이다.
 다. 통시적 전달과 변화는 기저형과 표면형에서 동시에 일어나는 것이다.

필자는 위의 〈다〉가 정답이라고 생각하고 있다. 이에 대해서는 이 책의 제2장에서 이론적으로 논의되고, 제4장에서는 기저형 중심의 변화에 대해, 제5장에서는 표면형 중심의 변화에 대해 구체적으로 논의하게 될 것이다.

2.4. 언어는 왜 변화하는가?

언어의 층위는 다양하다. 가장 작은 단위인 자질(음성자질과 의미자질 포함)에서부터 음절, 형태소, 단어, 문장, 문단, 글월에 이르기까지 다양한 층위를 가지고 있다. 이러한 모든 층위에서 시간의 흐름에 따라 지역의 상이함

---

[10] 이 내용 중 소리에 관한 내용은 주시경 선생의 '본음과 임시음'의 개념과 일치한다. 촘스키의 영향으로 '기저형과 표면형'이 널리 사용되고 있으므로 그 용어를 사용한다.

에 따라 변화가 일어나는데, 여기서는 언어를 '음성과 의미'의 복합체라는 가장 일반적인 층위에서 간단하게 언급하기로 한다.

2.4.1. 주체의 변화—인간 의식의 변화

언어가 변화하는 가장 큰 요인은 아마도 언어를 사용하는 인간이 변화하기 때문일 것이다. 구체적 사물이나 추상적 개념에 대한 인간의 의식이나 사고가 변화하게 되면 자연스럽게 언어의 의미가 변화하게 된다. 이러한 변화가 왜 일어나는가, 어떤 방향으로 일어나는가 하는 문제는 아직 우리가 알지 못하지만, 의미의 변화는 대상물 자체가 변화하거나 대상물에 대한 의식이나 사고가 변화하게 되면 언어의 변화가 발생하게 된다.

2.4.2. 객체의 변화—언어 대상 내지는 환경의 변화

세상에 존재하고 있는 모든 것이 세월의 흐름에 따라 변화해 가듯이 인간의 언어가 지칭하고 있는 자연환경이나 인간의 인위적 문물도 변화하게 된다. 대상을 인식하는 인간의 의식 변화가 우선인지 대상의 변화가 우선인지 알 수 없지만, 인간의 언어가 지칭하는 대상도 변화하고 있는 것이다. 이에 따라 언어의 변화도 필수적인 현상으로 발생하게 되는 것이다.

또한 언어 간의 접촉에 의해 대상의 다양성을 수용하고, 새로운 대상을 창의적으로 변용할 수밖에 없는 언어 현실은 언어의 변화를 창의적으로 이끌고 있는 것이다.

2.5. 언어는 왜 변화하는가?—언어 자체의 변화

2.5.1. 소리와 뜻의 임의적인 관계

언어가 변화하는 가장 근원적인 요인은 단어를 구성하는 소리와 의미의 관계가 임의적 내지는 자의적이기 때문이다. 이 둘의 관계가 필수적이거나 필연적인 관계라면 이들은 바뀔 수 없을 것이다.

동일한 대상이나 의미에 대해 인간의 종족마다 언어의 음성이 상이하고, 상이한 상태에서 언어에 따라 계속 변화해 가는 것은 의미(혹은 대상)와 음성의 임의적인 관계에서 그 원인을 찾을 수 있다.

2.5.2. 구조의 가변성?

언어가 끊임없이 변화해 가는 또 하나의 요인은 언어 구조의 가변성 내지는 불확실성 때문이다. 음소와 음소가 결합하는 방식이나 어휘가 이루고 있는 의미 관계의 구조 혹은 통사 구조 등은 무한대로 많은 불확실성을 가지고 있다. 한 예를 들면, 통사구조를 이루는 수식어와 피수식어의 구조는 전자가 앞설 수도 있고, 후자가 앞설 수도 있다. 이러한 구조의 불확실성은 상황에 따라 무한대의 다양성을 만들 수 있고, 이 무한대의 가능성[11]은 언어가 지속적으로 변화하는 요인으로 작용하는 것이다. 하나의 문장은 단어를 구성 성분으로 성립되는 것인데, 단어의 연결인 문장의 구조가 고정적이거나 불변적이지 못하여 변화가 발생하는 것이다.

---

[11] 여기서 말하는 '무한대'의 가능성이란 인간의 한계 내에서 무한대의 가능성을 의미하는 것이다. 인간에게 무한대의 가능성이란 존재할 수 있을까? 이것은 다른 차원의 문제이다.

2.5.3. 언어 체계의 불균형

언어는 그것을 구성하고 있는 요소들의 단순한 집합이 아니라, 구성 요소들의 체계적인 구성물이라고 할 수 있다. 구성물의 체계성에 불균형이 발생하였을 경우 균형성을 갖추기 위해 변화하게 된다. 국어 자음체계의 변화나 모음체계의 변화에서 이를 잘 볼 수 있다.

15세기에 존재하던 'ㅸ'이나 'ㅿ'이 탈락하는 것은 'ㅂ : ㅸ'의 관계나 'ㅅ : ㅿ'의 관계, 즉 무성음과 유성음의 대립관계가 이들 계열의 자음에만 존재하고, 'ㄱ, ㄷ, ㅈ' 등의 자음 계열에서는 존재하지 않아 자음 체계에 불균형이 존재하고 있었기 때문이다.

15세기 창제 당시와 후기에까지 존재하던 하향성 이중모음 '에[əi], 애[ai], 외[oi], 위[ui]' 등이 단모음 '에[e], 애[ɛ], 외[ö], 위[ü]' 등으로 바뀌는 것은 단모음이 6개였던 시절 전설모음은 'ㅣ[i]' 1개뿐이고, 비전설모음이 5개 'ㅏ, ㅓ, ㅡ, ㅜ, ㅗ'로서 전설 대 비전설의 극심한 불균형을 균형 잡힌 체계로 맞추기 위한 것이다. 근대국어나 현대국어에서 10개의 단모음이 다시 변화하고 있는 것은 전설 대 비전설의 불균형이나 개구도의 불균형을 없애기 위한 것이다. 다시 말해 'ㅐ'와 'ㅏ'는 원순성에 의해 대립되는 짝이 없고, 원순모음은 개구도가 2단계로 구분되고, 비원순모음은 개구도가 3단계로 구분되는 체계의 불균형을 조정하기 위한 것으로 해석되는 것이다.

여기서 '가장 안정적인 체계는 어떤 것일까?' 하는 문제가 제기될 수 있는데, 이에 대한 답을 내리기는 아직 시기가 이르다. 모든 것이 불균형인 것이 가장 안정적인 것인지, 모든 것이 균형을 이루는 것이 가장 안정적인 것인지 아직 답을 내릴 수 없는 상황이다. 앞으로 고민을 더해 이에 대한 논쟁도 해 나가기를 기대해 본다.

2.5.4. 규칙 적용의 불투명성

언어는 규칙의 체계로 이루어져 있다고 한다. 규칙 적용이 투명하다는 것은 동일한 환경에서는 동일한 규칙이 적용되어 언어의 사용자가 규칙 적용에 대해 예측이 가능해야 한다는 것을 의미한다.

언어의 규칙이라는 것은 형태론적인 범주에 따라 적용될 수도 있고 적용되지 않을 수도 있어, 일률적으로 규칙의 적용을 예측하기 어려울 때가 많다.

동일한 범주에서도 교체의 유형이 달라 예측이 불가능할 때가 많다. 예를 들어 국어의 주격조사는 선행하는 체언이 자음으로 끝났는가 혹은 모음으로 끝났는가에 따라 '이/가'가 교체를 이루는데, 대격 조사는 '을/를'으로 교체를 이룬다. 물론 이러한 현상은 통시적으로 발생한 것이지만, 현대국어의 공시적인 상황에서는 예측하기 어려운 것이다. 이러한 상황은 미래에 변화를 일으킬 가능성이 있다.

현대국어에서 '은/는'으로 교체를 이루는 특수 조사에서도 이러한 예를 추론해 볼 수 있다. 이들은 기원적으로 단일한 형태였을 것이다. 그런데 이들의 형태가 모음 뒤에서 특수 조사의 첫 모음이 탈락하자 'ㄴ/은'이 교체를 이루게 되고, 이러한 교체는 음절 구조로 볼 때 대단히 예측 불가능한 교체가 되었을 것이다. 그러자 'ㄴ'에 다시 '은'이 첨가되어 '는'이 되어 이 형태가 '은'과 교체를 이루면서 교체의 불투명성을 어느 정도 해소하게 된 것이다.

2.6. 언어는 어떻게 변화해 가는가?

변화의 기본적인 방향은 새로운 것이 생겨나고(생성), 기존에 존재하던 것이 없어지고(소멸), 존재하고 있는 것의 존재 영역이 확산되거나 축소되는 것이다. 그리고 인접한 것의 영향으로 서로 닮아 가기도 하고 서로 달라지기도 한다. 그리고 존재하던 둘 이상의 것이 하나로 합쳐지기도 하고, 하나가 둘 이상의 것으로 갈라지기도 한다.

이러한 변화에 대해 간단하게 설명하기로 한다.

2.6.1. 생성과 소멸

존재하지 않던 것이 새로 생겨나는 것은 생성이라고 하는데, 이에는 존재하고 있던 것이 변화하여 생성되는 것과 자생적으로 생성되는 것으로 나누어 볼 수 있다.

- 변화적 생성: 기존에 존재하던 것이 변화하여 존재하지 않던 새로운 것을 만들어 내는 것인데, 우리 국어사에 존재하던 자음군이 된소리로 변화하는 것이 이러한 변화에 속한다.
- 자생적 생성: 이미 존재하던 것이 다른 것의 영향 없이 자생적으로 다른 것으로 변화해 가는 것이다.
- 변화적 소멸: 체계 내에 존재하고 있는 다른 요소로 변화하면서 그 자체는 없어지는 것을 말한다. 중세국어에 존재했던 'ㅸ'이 'w'로 변화하면서 그 자체는 소멸하는 것이 그 예가 된다.
- 자생적 소멸: 존재하던 어떤 것이 존재의 흔적을 남기지 않고 없어져 버리는 것이다. 국어사에 존재하던 문법형태소 '-오-'가 그 기능의 소멸과 함께 없어진 것이 그 예가 된다.

2.6.2. 동화와 이화

인접해 있는 두 존재는 서로 영향을 주고받을 수밖에 없다. 그 영향이 상대방이 존재하고 있는 성격에 영향을 크게 미치지 못하기도 하고, 성격의 변화에 영향을 미치기도 한다. 그때 영향을 주고받아서 서로 비슷해지기도 하고 달라지기도 한다. '동화'란 변화에 영향을 미친 요소와 변화한 결과가 공유하는 성질이 많아져 서로 비슷해지는 것을 말하고, '이화'란 이와 반대로 공유하는 성질이 적어져서 서로 멀어진 것을 말한다.

2.6.3. 축약과 분기

'축약'이란 둘 이상의 존재가 하나로 합쳐지는 것이고, '분기'란 하나의 존재가 둘 이상의 존재로 나누어지는 것을 말한다. 이러한 변화의 모습은 '외, 위'의 음가 변화에서 그 예를 찾아볼 수 있다. 이들은 본래 하향적 이중모음 [oj], [uj] 등이었다. 이들이 축약을 일으켜 단모음 [ü], [ö] 등으로 실현되는 현상을 축약이라고 한다. 단모음으로 실현되던 이들이 다시 둘로 나누어지는 분기를 일으켜 이중모음 [we], [wi] 등으로 실현되는 것이다.

2.6.4. 합류(와 분화)와 도치

'합류'란 존재하던 어떤 요소가 이미 존재하고 있는 다른 요소에 합해지는 것이다. 이에는 존재하는 모든 요소가 다른 요소로 변화하는 '완전 합류'와 일정한 부분만 다른 것으로 합류하는 '부분적 합류'가 있다. 국어에서 'ᄋ·'는 초기에 제2음절 이하의 위치에 있던 것들만 '으'에 합류하게 된다. 이는 부분적 합류에 해당한다. 그 후 남아 있던 제1음절 위치의 모든 'ᄋ·'가 '아'에 합류하게 된다. 이는 완전합류에 해당한다.

상이한 음운론적인 변화에 의해 'ㅸ'이 'ㅂ' 혹은 'w'로 변화하게 되는 것.

2.6.5. 존재 영역의 확산과 축소

없던 것이 새로 생겨나고 존재하던 것이 없어지게 된다면, 그 사이에 발생하는 현상은 존재 영역의 확산과 축소이다. 훈민정음 창제 당시에 'ㅅ'계 합용병서의 음가가 자음군이었다면, 그리고 이들이 된소리로 변화했다면, 모든 자음군이 일시에 된소리로 변화하지 않았을 것이다. 특정한 자음군이 먼저 된소리로 변화하고 점차 다른 자음군도 된소리로 변화했을 것으로 추정되는데, 여기서 볼 수 있는 것은 된소리 영역 내지는 존재의 확산이고, 자음군의 영역 내지는 존재의 축소인 것이다.

제3절 결론에 대신하여

　신비한 존재 그 자체인 언어에 대해 약간의 의문을 제기해 보았다. 여기서 어떤 답을 내리기 위한 것이 아니고, 앞으로 이러한 문제에 대해 관심을 가지고 있는 학자들이 같이 고민하기 위한 문제 제기의 정도로 받아 주었으면 좋겠다.
　먼저 제기한 것이 '국어사를 연구하는 목적이 무엇인가?' 하는 문제였다. 국어의 통시적 변화 과정을 이해하는 것이 가장 기초적인 답이 되는데, 이를 바탕으로 한국의 고전 문헌을 제대로 이해하고, 이를 바탕으로 한국의 전통적인 정신문화를 이해하기 위한 것으로 서술하였다. 그리고 이러한 과정을 통해 현재 우리가 사용하고 있는 언어의 실체를 제대로 이해하기 위한 것도 국어사 연구의 과제 중 하나인 것으로 파악하였다.
　언어의 변화에 대해서는 언어의 기본적인 속성은 무엇이며, 언어 변화의 기본 단계는 어떻게 되는가에 대한 논의를 거쳐 존재와 변화(언어 변화)의 실체는 무엇인가, 언어는 왜 변화할 수밖에 없는가, 그리고 언어는 어떻게 변화해 가는가에 대해 약간의 논의를 하였다.
　이러한 논의들은 현재의 상황에서 어떤 결론을 내리기보다는, 앞으로 언어 변화에 대한 근원적인 문제를 좀 더 깊이 있게 연구하기를 바란다는 말로 맺는다.

| 제2장 |

언어 변화의 유형

여는 글

제1절 통시적 시각의 변화
1.1. 역사비교언어학 – 개별 존재의 변화 | 1.2. 구조언어학 – 관계의 변화 |
1.3. 규칙의 변화 – 생성언어학

제2절 내부 요인에 의한 변화 (1)
2.1. 음운의 변화 | 2.2. 문법의 변화 | 2.3. 어휘의 변화

제3절 내부 요인에 의한 변화 (2) – 유추
3.1. 귀납 추론과 연역 추론 | 3.2. 유추(유비 추리/론)

제4절 외부 요인에 의한 변화 – 차용
4.1. 차용의 개념 | 4.2. 차용의 확대

제5절 결론에 대신하여

참고 문헌

여는 글

언어의 역사적 변화와 관련하여 우리가 기본적으로 가져야 하는 전제는 '존재하고 있는 모든 것은 변화해 간다.'는 것이다. 그리고 변화해 가는 과정에서 가장 기본적인 것은 '존재하던 것은 언젠가 없어진다.'는 것이고, 세월의 흐름에 따라 '존재하지 않던 무언가가 새롭게 생겨난다.'는 것이다.

그러면 이에는 다음과 같은 질문을 던질 수 있다. 어떤 존재의 정체성을 담보하는 가장 기본적인 것으로 변화하지 않는 것은 없는 것인가? 예를 들면 국어의 모음체계에서 가장 기본적인 모음인 '아, 이, 우' 같은 모음도 언젠가 없어진다는 것인가? 여기에는 정답을 내릴 수가 없다. 언어의 존재는 인간의 존재에 종속적이기 때문이다.

생성과 소멸의 중간 과정에는 존재가 활동하고 있는 분포(적용 영역 내지는 작용 영역)의 변화(확대와 축소)가 일어나게 된다. 때로는 급하게, 때로는 천천히 발생하지만 형태론적 범주나 문법 범주에 따라서 변화의 속도를 달리하면서 존재하는 것이다. 어떤 언어 규칙이 자기가 적용될 수 있는 모든 영역에서 모두 적용되었을 때, 그 형태는 변화한다. 이때의 변화를 '재구조화'라 하고, 그 규칙은 소멸하는 것이다.

이에 대한 좀 더 구체적인 논의는 다른 곳에서 하기로 하고 여기서는 요지를 간단하게 소개하기로 한다.

언어의 변화를 직접 논의하기 전에, 인간은 언어의 변화를 어떻게 인식했는지, 인간이 언어의 변화를 본 인식의 발전 과정에 대해 간단히 언급하기로 한다.

균형과 조화 중 어느 것이 더 목표 지향적인 개념일까? 모든 구성 요소가 대립 관계의 짝이 있을 때가 가장 안정적일까? 아니면 모든 것이 적절한 대립 관계의 짝이 없을 때(불균형일 때) 가장 안정을 이루는 것인가?

(가) ㅣ ㅟ ㅡ ㅜ   (나) ㅣ   ㅜ
　　 ㅔ ㅚ ㅏ ㅗ   ㅔ ㅏ ㅗ

위의 (가)는 '혀의 위치, 개구도, 원순성' 등의 관계에서 아주 균형 잡힌 모음체계이고, (나)는 세 요소 모두가 균형을 잡지 못한 모음체계이다. 이들 중 어떤 모음체계가 안정적이고, 실제 다수에 의해 사용되고 있는가?

가장 '균형 잡힌'의 의미가 무엇인가에 대한 고민도 더 해 보아야 한다는 문제만 제기하기로 한다.

제1절 통시적 시각의 변화

  19세기 언어학은 소장 문법학자들이 주도한 역사비교언어학(historical comparative linguistics)의 시대였다. 원자론자(atomist)라고 불리는 이들은 이른바 인도·유럽 어족에 속하는 언어들의 개개 소리를 비교하여 소리들의 공통 조어를 재구하였다. 또한 개별 소리의 변화에 법칙이 있다는 것을 찾아내어 소리 변화에 대한 일반론을 세우기 위하여 노력하였다. 그리하여 그들은 '소리의 변화는 규칙적이다.'라는 소리의 변화에 대한 큰 원리를 찾아낸다. 20세기에 들어 태동한 구조주의언어학(structural linguistics)은 '언어는 구성 요소들의 단순한 집합체가 아니라 하나의 체계로 이루어져 있다.'는 인식을 한다. 체계란 하나의 요소와 다른 요소 사이에 존재하는 대립 관계의 총체이므로, 언어의 통시적 변화 역시 구성 요소들이 이루고 있는 대립 관계의 변화로 인식하는 것이다. 그리하여 통시적으로 언어가 변화하는 원인은 체계에 내재한 대립 관계에 불안정한 요인이 존재하기 때문으로 이해하고, 언어 변화의 과정이란 균형이 잡히지 못하여 불안정한 체계가 균형을 찾아 안정된 체계로 가고자 하는 과정으로 이해하였다. 20세기 후반기에 등장한 생성언어학(generative linguistics)은 언어의 구조를 기저구조와 표면구조로 구분하고, 기저구조에서 표면구조로 도출되는 과정에 규칙이 작용하며, 언어는 바로 규칙의 체계로 이루어져 있다고 보았다. 그리하여 언어의 통시적 변화 과정이란 규칙이 생성되고 소멸하는 과정으로 이해하였다. 규칙이 생성되고 소멸하는 과정에서 언어(즉, 규칙)는 어떤 언어 규칙이 적용될지 몰라서 언어 습득에 있어서 장애가 되는 불투명성(opaqueness)을 제거하기 위하여, 혹은 언어 규칙이 좀 더 보편적으로 최대로 적용되어 이형태(allomorphy)를 최소한도로 줄이기 위해서 변화한다고 이해하였다. 국어사의 연구 방법도 기본적으로는 다른 분야의 역사적인 연구 방법과 동일하다고 할 수 있다. 그것은 자료의 발굴과 원전 비판, 관련 자료의 수집과 정리, 과거의 존재 재구와 변화 과정의 추정, 그리고 결과에 대한 타당성 검증의 순서로 진행되어야 한다고 정리할 수 있을 것이다.[1] 이에 대한 간단한 논의는 제3장에서 진행하게 될 것이다.

1.1. 역사비교언어학—개별 존재의 변화

언어학은 18세기와 19세기에 하나의 과학적인 학문으로 정립되는데 그 대상과 방법에 따라 역사비교언어학이라고 한다. 주로 인구어를 대상으로 언어의 친족 관계를 거슬러 올라가 공통 조어 등을 재구하고, 공통 조어가 어떻게 변화하였는가를 연구하는 것이 기본적인 목적이었다. 이를 위해 인구어에 속하는 여러 언어의 공통점과 유사점을 비교하고 검토하여 공통 조어를 재구하고, 공통 조어로부터 각 언어가 역사적으로 어떻게 변화하였는가 하는 문제를 밝히는 것이 당시 언어학의 목적이었다.

이들은 소리의 변화에 집중하여 소리의 변화로 조어를 재구하였다. 소리가 변화하는 과정을 추정하기 위해서는 '언어(여기서는 소리)의 변화는 규칙적이어야 한다.'라는 결론에 도달하고, 이를 전제로 변화의 과정을 추정하였다.

---

[1] 언어의 역사적인 연구가 과거에 대한 추적과 현 상황에 대한 이해와 설명 그리고 미래에 대한 예상이 궁극적인 목적이 될 것인데, 언어가 어떻게 변화할 것인가에 대한 예측은 실제로 거의 불가능한 것이 현실이다.

1.1.1. 소리 변화의 유형

소리는 역사적으로 특정한 음운론적인 조건 아래 변화하는 것이 있고, 아무런 조건 없이 변화하는 것이 있다. 후자를 무조건변화라고 하고, 전자를 조건변화라고 한다. 앞에서 예를 들었던 '곶'이 '꽃'으로 변화하는 것은 아무런 조건 없이 변화하는 무조건변화이다. 반면 '믈'이 '물'로 변화하는 것은 '순음 아래에서'라는 조건으로 '으) 우'의 변화가 일어나는 것이므로 조건변화이다.

조건 변화에는 일반적으로 동화가 가장 많다. 구개음화, 움라우트, 조음 위치 동화, 조음 방식 동화에 의한 통시적 변화는 모두 동화 현상이다. 하지만 이화 현상도 드물지만 쉽게 찾아볼 수 있다. 'ᄒᆞ를, ᄆᆞ를' 등에서 초성과 동일한 종성 'ㄹ'이 탈락하는 것이 이화의 예로 지적되기도 하였고, '붑'이 '북'으로 바뀌는 것도 이화의 예가 될 것이다. 입술에서 나는 소리가 연이어지니까 의미 변별력이 덜한 종성을 다른 소리로 바꾼 것이다.

조건 변화에 포함시킬 수 있는지 확실하지 않지만, 도치의 예도 심심찮게 찾아볼 수 있다. '빗복'이 '배꼽'이 된 것은 제2음 위치의 'ㄱ'과 'ㅂ'이 위치를 바꾸고, 'ㅅ'과 'ㄱ'이 축약하여 'ㄲ'이 된 것이다.[2] 현대 국어에서 '나누다'의 활용형 '나눠'는 방언에 따라 '노나'로 나타나기도 한다. 이는 본래 '난호-'였다. 이 단어의 변화 과정은 다음과 같다. '(1) 난호+아 (2) 나노+아 (3) 나누+어' 이러한 변화 과정의 (2) 단계에서 첫음절 'ㅏ'와 둘째 음절 'ㅗ'가 도치되어 '노나'가 만들어지는 것이다. 이전의 형태 '하야로비[ha-ya-ro-bi]'가 '해오라기[hy-o-ra-bi]'가 되는 것도 도치의 좋은 예가 된다. 제2음절 위치의 반모음이 제1음절의 위치로 가서 '해'가 되고, 제2음절 위치의 '야'와 제3음절 위치의 'ㅗ'가 도치하여 '해오라-'가 되는 것이다.[3]

---

[2] 이 예는 15세기에 종성 'ㅅ'과 이어지는 초성 'ㅂ'은 된소리가 아니었다는 증거도 된다.

이외에 조건 변화와 무조건 변화의 중간 지점에 축약과 분기 그리고 합류가 있다. 단어의 뜻 그대로 축약이란 두 개의 존재가 합해져서 새로운 존재가 되는 것이고 분기는 하나로 존재하는 것이 두 개의 존재로 나뉘는 것이고, 합류란 한 존재가 기존에 존재하고 있던 다른 존재에 합류하는 것이다. 이전의 국어사에 존재했던 하향적 이중 모음 /ai/ /əi/ /oi/ /ui/[4] 등이 단모음 /æ/ /ɛ/ /ö/ /ü/ 등으로 변화하는 것이나, 자음군이 된소리로 변화하는 것은 축약에 해당된다. 단모음화한 이들 /ㅣ/ 중 원순성을 가지고 있는 것들이 /we/ /wi/로 변화하는 것은 분기에 해당한다. 근대 국어 이전까지 존재하던 /ㆍ/가 초기에 제2음절 이하의 위치에서 /ㅡ/로 변화하고, 그 뒤 제1음절 위치에서 /ㅏ/로 변화하는 것은 합류의 예가 될 것이다.

　이들의 변화는 존재하지 않던 음소를 새롭게 만들기도 하고(생성) 존재하던 음소를 없애기도 하며(소멸) 때로는 음소 체계 내지는 목록에는 변화를 주지 않으면서 존재 영역의 변화를 일으키기도 하는 것이다.

1.1.2. 소리 변화의 규칙성

　역사비교언어학자들은 소리의 유사성을 찾아내어 이들의 조상을 재구하고, 후대까지의 변화를 추정하는데 이러한 작업을 하는 근저에는 '소리의 변화는 규칙적이다.'라는 명제가 있다. 만약 소리의 변화가 일정한 규칙을 가지지 못하고[5] 제멋대로 변화한다면 과거의 재구나 미래로의 변화

---

3 4음절 위치의 '비'가 '기'로 바뀌는 것은 새들의 이름의 다수가 '기'로 끝나는 것(예: 갈매기, 기러기, 뻐꾸기 등)에 유추되었을 것이다.
4 하향적 이중 모음의 부음을 [i]로 볼 수도 있고, [y]로 볼 수도 있을 것이다. 이에 대한 논의는 생략하기로 한다.
5 그 규칙은 좀 더 일반적일 수도 있고, 좀 더 지엽적일 수도 있다. 이것의 한계는 존재하는지 존재한다면 그 이유는 무엇인지 등은 앞으로 풀어야 할 과제 중의 하나가 될 것이다.

어느 것이든 시도 자체가 불가능해진다. 역사비교언어학자들이 해 놓은 가장 큰 업적은 '언어의 변화는 규칙적이다.'라는 명제를 수립한 것이다.

우리 국어의 예를 들어 약간 부연 설명을 해 보자. 순음 'ㅁ, ㅂ, ㅍ' 뒤에 오는 'ㅡ'는 원순성의 동화를 받아 'ㅜ'로 변화한다. 순음 뒤에 'ㅡ'가 존재하지 않는 것 즉 음소 결합의 결핍은 이러한 원순모음화 현상 때문이다. 그런데 방언에 따라서는 'ㆍ'도 'ㅡ'와 같이 원순성의 대립짝이었던 'ㅗ'로 변화하기도 한다. 이러한 현상이 방언에 따라 왜 차이가 나는지는 설명할 수 없지만, 다시 말해 규칙의 일반성과 지엽성을 설명할 수 없지만 그러한 현상 자체는 규칙적으로 발생하는 것이다.

1.2. 구조언어학—관계의 변화

20세기 전반기의 언어학은 개체를 개체로 보지 않고, 전체와의 관계 혹은 다른 개별 존재와의 관계로 파악한다. 그리고 하나의 존재는 다른 존재와 구분되는 그 무엇이 있어야 하는데 구조언어학은 이를 대립 관계로 이해한다. 이전의 역사비교언어학이 이름 그대로 언어의 공통성과 차별성을 비교하고, 기원형의 재구와 역사적 변화를 연구하였다면 구조언어학의 가장 큰 특징은 공시와 통시를 구분하여 언어의 공시적 상태에 새로운 연구를 개척했다는 데 있다 할 것이다.

하나의 존재가 다른 존재와 구별되는 것은 둘 사이에 변별적인 그 무엇의 관계에 있기 때문인데 이를 구조언어학에서는 대립 관계라고 하였다. 무대립 관계에 대한 이론의 완성판이라고 할 수 있는 『음운론의 원리』(트루베츠코이)에서는 양면적 대립 관계와 다면적 대립 관계, 비례적 대립 관계와 고립적 대립 관계, 유무적 대립 관계와 등차적 대립 관계, 가중화 대립 관계와 등치적 대립 관계 등으로 나눈다. 앞의 두 가지는 전체 체계와의 관계에서 나오는 대립 관계이고, 뒤의 두 가지는 개별 존재들의 관계에서 나오는 대립 관계라고 하였다.

구조언어학에서는 모든 존재는 관계 속에서 존재하기 때문에 변화하는 것 역시 관계라고 인식한다. 한 개체의 생성과 소멸이 아니라 관계의 생성과 소멸 등으로 이해하는 것이다. 그리고 그 원인이나 방향 역시 관계로 이해한다. 통시적으로 언어가 변화하다가 대립 관계의 불균형이 생기면 불균형을 없애고 균형을 이루는 방향으로 변화한다고 하였다. 언어의 통시적인 변화는 체계 내지는 체제의 내부적인 불균형에 의해 발생한다고 하였다.

위에서 언급한 음의 변화를 음소는 개별적으로 존재하는 것이 아니라 다른 음소와의 관계 속에서 존재한다고 보는 구조 음운론에서는 관계의 변화라고 이해한다. 음들의 관계는 잘 알려진 바와 같이 ① 양면 대립과 다면 대립, ② 비례 대립과 고립 대립, ③ 유무 대립과 점층 대립 그리고 등치 대립, ④ 항구 대립과 가중화 대립 등이 있다. 관계의 변화 역시 기본적으로는 관계의 생성, 관계의 소멸, 관계의 조정 등이다. 이들은 구조 음운론에서 음운화, 재음운화, 비음운화라고 지칭하였는데 일반적으로 하나의 관계 변화는 다른 관계의 변화를 유발하게 된다.

1.2.1. 음운화(phonologisierung)

새로운 음소가 생성되었을 때 이것을 대립 관계의 생성으로 이해하는 것이다. 즉 존재의 발생은 관계의 발생을 유발하는 것으로 이해하는 것이다.

음운론적으로 변이음으로 존재하던 어떤 음이 음소로서의 독립성을 확보하게 되면, 변이음의 관계에서 음운론적 대립 관계로 '음운화'가 일어났다고 할 수 있다. 국어사에서 기원적으로 된소리가 존재하지 않았다가 후대에 발생한 것이라면, 된소리와 평음의 관계는 존재하지 않다가 양면적 대립 관계로 음운화하였다고 할 수 있다. 또한 이중 모음 '에, 애, 외, 위' 등이 단모음으로 변화하였다면, 기존에 존재하던 '이'와 새로 생성된 단모음 '에, 애' 사이에는 등차적 대립 관계가 발생하고, '어, 아'와 '에, 애' 사이에는 양면적 대립 관계가 발생한 것이라고 할 수 있다. '오'와 '외', '우'와 '위' 사이에도 역시 마찬가지 현상을 볼 수 있다.

1.2.2. 재음운화(umphonologisierung)

존재하던 대립 관계가 다른 대립 관계로 변화하는 것을 재음운화라 한다.

만약 국어사에 존재하던 /b/가 유성음과 유성음의 사이에서 /β/로 변화하고, 이것이 다시 /w/로 변화하였다면, /p/와의 관계는 양면적 대립 관계에서 다면적 대립 관계로 변화하고, 이것이 다시 등치 대립으로 변화하였다고 할 수 있다. 또한 /β/의 /w/로의 변화는 /p/와 /β/ 사이에 존재하던 가중화 대립 관계의 소멸을 의미한다.

중세 국어에서 근대 국어의 모음 체계로 변화하면서 중세 국어의 'ᄋ̆'와 '오'가 가지고 있던 원순성에 의한 대립짝 즉 양면적 대립 관계는 'ᄋ̆'의 소멸로 없어지고, 새로이 '어'와 '오'가 원순성에 의한 대립짝을 이루게 된다. 이 과정은 '어'와 '오'의 관계가 다면적 대립 관계에서 양면적 대립 관계로 바뀌었음을 의미한다. 'ᄋ̆'와 '오'가 양면적 대립 관계를 이루고 있었다는 증거는 훈민정음의 기술(ㅗ與・同而口縮)이나 남부 방언에서의 원순모음화 현상(믈>물, 플>풀, 넓->붊-, ᄲᆞᄅ->뿌리-(빠르-) 등)으로 확인할 수 있다. '어'와 '오'가 양면적 대립 관계를 이루었다는 증거는 경기 방언의 비원순 모음화(예: '몬지〉먼지, 보선〉버선' 등)에서 확인할 수 있고, 동남 방언의 축약(예: 꿩〉꽁, 누어라〉노라, 두어라〉도라, 주어라〉조라 등)이나 영동 방언에서 많이 발견되는 축약(예: 권투〉곤투, 바꿔라〉바꼬라 등)에서 확인할 수 있다.

1.2.3. 탈음운화(entophhonologisierung)

존재하던 대립 관계가 소멸하는 것을 탈음운화라 한다.

국어사에 존재하던 'ㅸ'의 변화는 무성음 대 유성 마찰음 사이에 존재하던 비례 대립 관계의 소멸을 의미한다. 'ㅿ'의 탈락은 'ㅅ'과 'ㅿ' 사이에 존재하던 양면적 대립 관계 즉 유성음과 무성음의 대립 관계가 소멸하였음을 의미하는 동시에 국어사에 존재하던 유성음 내지는 유성 마찰음이 음운론적으로 완전히 소멸하였음을 의미한다.

'ㆍ'의 변화는 '오, 아' 등과 맺고 있던 양면적 대립 관계의 소멸을 의미하고, '외, 위' 등의 이중 모음화는 이들이 맺고 있던 '오, 우' 그리고 '에, 이'와의 양면적 대립 관계가 소멸하였음을 의미한다.

1.2.4. 음운 결합 범위의 변화

대립 관계의 변화 없이 한 음소가 분포하는 범위의 변화가 초래된 것을 의미하는데 이것은 음운의 점진적 변화를 전제로 한 것이다.

예를 들어, 'ㆍ'가 제2음절 이하에서 'ㅡ'로 변화하는 것은 'ㆍ'가 가지고 있는 대립 관계의 변화에 직접적으로 영향을 주는 것이 아니고, 'ㆍ'의 분포 즉 결합 범위를 제1음절 위치로 한정시키는 결과를 초래한다. 'ㅸ'의 변화가 형태소 내부에서 먼저 변화하고 형태소의 연결로 확산하거나 어간 형태소에 존재하던 'ㅸ'이 먼저 변화하고 접미사에 있던 'ㅸ'이 변화의 과정을 따랐다면 'ㅸ'이 완전히 변화할 때까지는 그것이 가지고 있던 대립 관계가 변화한 것이 아니라 그것의 분포만이 변화한 것이다.

1.2.5. 전체 체계의 불균형과 변화 예—국어 모음 체계의 변화

국어사에서 국어의 모음 체계는 근대 국어 단계에서부터 격심한 변화를 겪어 왔고 현대 국어에서도 계속 변화하고 있다. 모음 체계를 구성하는 세 개의 구성 요소 내지는 자질은 혀의 위치, 개구도, 원순성이다. 이들의 균형과 불균형에 의해 모음 체계가 어떻게 변화해 왔는지 잠깐 살펴보기로 한다.

국어의 모음 체계는 /ㆍ/가 소멸한 뒤 다음과 같이 변화하였다.

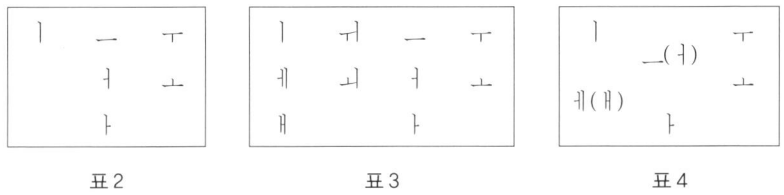

표 2　　　　　　　　표 3　　　　　　　　표 4

〈표 1〉은 6모음 체계인데 전설과 비전설의 극심한 불균형을 이루고 있다. 6개 중 5개가 후설 모음이고 1개만이 전설 모음이다. 이러한 불균형을 해소하기 위해 각각의 후설 모음에 대응하는 전설 모음을 생성시켜 전설과 비전설이 균형을 이루는 관계의 균형을 이루게 되는 것이다. 이렇게 하여 생성된 새로운 체계 〈표 2〉는 모음을 구성하는 세 요소 중 전설과 비전설의 대립 관계에서는 균형을 이루지만 모음을 구성하는 나머지 두 요소 개구도와 원순성은 대립 관계가 균형을 이루지 못하는 새로운 불균형을 초래하게 된다. 〈표 3〉은 원순 모음을 분기시키고, 개구도에 의한 불균형을 해소하기 위해 개구도를 줄이는 방향으로 합류가 일어나는 것이다.

이처럼 체계의 불균형이 체계의 안정을 위해 다시 말해 새로운 균형 잡힌 체계를 향하여 변화가 발생한다는 것이다.

1.2.6. 대립 관계의 불균형과 변화 예—국어 자음 체계의 변화

15세기 훈민정음을 창제할 당시에 국어의 자음 체계는 다음과 같은 대립 관계를 가지고 있었다.

	ㅂ	ㅸ	ㄷ	ㅅ	ㅿ	ㅈ	ㄱ
유성성	-	+	-	-	+	-	-
마찰성	-	+	-	+	+	+	-

'ㄷ, ㅈ, ㄱ' 등은 유성성과 마찰성에 관한 대립 관계의 짝을 가지지 못하고, 'ㅂ'은 다면적 대립 관계를 이루는 'ㅸ'이 있었고, 'ㅅ'은 양면적 대립 관계를 이루는 'ㅿ'이 있었던 것이다. 이를 정리하면 다음과 같다.

```
대립 관계의 유형 ─ 유성성, 마찰성이라는 두 자질에 대해
양면적 대립 관계에 있는 것 ㅅ : ㅿ
다면적 대립 관계에 있는 것 ㅂ : ㅸ
아무런 관계를 가지지 않는 것 : ㄷ, ㅈ, ㄱ
```

대립 관계의 이러한 불균형은 다면적 대립 관계를 없애는 방향으로 변화가 먼저 발생하여[6] 'ㅸ'이 소멸하게 되고, 이어 대립 관계의 불균형에 있는 'ㅿ'까지 소멸하게 하여 국어사에서 유성성과 무성성의 대립 관계가 소멸하게 되는 것이다.

---

6 15세기 이후부터 발생한 상황을 말하는 것이다. 15세기 이전에 어떤 자음 체계를 가지고 있었는지 우리는 아직 정확히 알지 못한다.

1.2.7. (가장) 자연스러운 균형이란?(어떤 것일까?)

한 존재의 생성과 소멸 그리고 합류와 분기의 과정—관계의 생성과 소멸 그리고 변화의 과정은 왜 생겨나고, 가장 자연스러운 균형이라는 것은 존재하는 것인가?

모든 관계가 완전히 균형을 이루는 것일까? 그러한 균형관계는 가능한 것일까? 모음 체계를 두고 논의한다면 모음의 세 요소 혀의 위치, 개구도, 원순성이 모두 대립관계의 균형을 이루는 모음체계는 가능한 것일까? 다양한 소리 중 음소로서의 기능을 하는 것과 변이름으로 존재하는 것이 있는데 완변한 균형 관계란 존재할 수 있는 것일까?

완벽한 균형이 불가능하다면 완벽한 불균형이 오히려 가장 자연스러운 균형이 아닐까? 어느 것도 균형을 맞추지 못하는 상호간의 전체적인 불균형이 가장 자연스러운 균형이 아닐까? 앞으로 더 고민해야 할 문제이다.

1.3. 규칙의 변화—생성언어학

20세기 후반기에 노암 촘스키가 주도한 생성언어학(generative linguistics)의 특징을 간단하게 제시하면 다음과 같다. 첫째, 생성언어학은 언어 능력(linguistic competence)과 언어 수행(linguistic performance)을 구분한다. 언어 능력은 인간 혹은 한 개인이 자기가 사용하는 언어의 내면화된 지식 내지는 규칙의 총체를 의미한다. 인간은 이 능력에 의해 지금까지 보지 못한 새로운 문장을 이해하고, 또한 아무도 해 보지 못한 새로운 문장을 창조하게 될 뿐만 아니라 잘못된 문장과 제대로 된 문장을 구분하게 되는 것이다. 반면에 언어 수행은 실제적이고 구체적인 상황에서 실질적으로 발화된 것이다. 촘스키는 언어 수행은 언어 능력을 연구하기 위한 자료를 제공하는 것이기에 언어 능력이 언어학의 연구 대상이라고 하였다. 둘째, 생성언어학은 언어학의 연구 대상을 확장하여 하위 영역을 세분하게 한다. 종래 소리 중심의 연구였던[7] 언어학이 그 연구 대상을 단어를 기초 단위로 하여 문장으로 통합되어 가는 과정과 법칙 그리고 문장의 구조 그 자체를 연구하는 통사론(문법론)의 영역을 새로이 구축한다. 이어서 의미를 지닌 단위들의 개별적인 연구 외에 다른 단위들과의 의미 관계를 연구하는 의미론의 영역까지 확장하여 언어학의 하위 영역을 음운론, 통사론, 의미론의 삼대 영역으로 정립하게 된다.[8] 셋째, 생성언어학은 언어라는 존재에 대한 인식을 새롭게 하고 이에 대한 연구 방법에 혁신적인 변화를 가져오게 한다. 언어는 기저형과 표면형이라는 두 층위로 구성된 것으로 파악하고, 기저형에서 표면형으로 도출되는 과정에 규칙이 존재하고, 언어는 이러한 규칙의 체계라는 것이다. 이렇듯 생성언어학은 언어에 대한 기본 인식을 근원적으로 변화하게 하는 것이다.

1.3.1. 통시적 변화의 주체―기저형과 표면형

생성언어학에서는 언어에는 두 개의 층위 즉 기저형과 표면형이라는 층위가 있다고 하였다. 이때 당장 제기될 수 있는 문제는, 통시적으로 변화하는 주체가 무엇인가 하는 것이다. 이에 대한 생성언어학의 답은, 표면

---

[7] 구조언어학 시대의 대표적인 학자였던 소쉬르는 〈일반언어학강의〉에서 언어라는 존재에 대한 기본적인 이해를 돕는 획기적인 논의를 하였다. 그의 이론은 특정한 분야에 대한 것이 아니고 책 제목 그대로 '언어에 대한 일반적인 이해'를 높이는 것이었다.
[8] 현대 언어학의 영역은 실로 다양하고, 계속 외연이 확장되고 있는데 그러한 확장의 기저에는 생성언어학이 미친 바가 크다. 언어 수행에 있어서 다양한 변수를 고려하는 사회언어학은 언어의 중심을 언어 수행에 두고자 하는 것이고, 발화 상황을 고려하는 화용론은 언어 능력에 발화 상황이라는 변수를 더한 것이다. 하나의 텍스트를 연구 대상으로 삼은 텍스트 언어학은 연구의 대상을 문장에서 텍스트로 확장한 것이다.

형은 기저형에서 도출되는 것이기 때문에 통시적인 변화의 주체는 기저형이라는 것이다. '기저형과 표면형 중 통시적 변화의 주체가 무엇인가?'라는 질문은 다음과 같이 제기할 수 있는데,

(1) 통시적 언어 변화의 주체는 기저형이다.
(2) 통시적 언어 변화의 주체는 표면형이다.
(3) 통시적 언어 변화는 기저형과 표면형이 동시에 작용한다.

이에 대한 생성언어학의 대답은 당연히 (1)이었던 것이다. 규칙에 의해 기저형으로부터 표면형이 도출된다는 관점에서는 당연한 귀결인 것이다. 그러나 실제적인 언어 변화의 대부분은 언어 수행으로 작동하는 것이기 때문에 위와 같은 전제 내지는 결론에는 문제를 제기되지 않을 수 없다. 생성언어학 초기의 기본적인 생각은 비교적 최근의 최적성 이론에서 변화의 조짐을 찾아볼 수 있다. 최적성 이론에서 입력부와 출력부가 서로 부합해야 한다거나 관련성을 가져야(correspondence) 한다는 생각은 표면형의 존재를 기저형에 종속시키거나 의존시킨 기존의 사고에 변화를 일으킨 것이다.

기저형과 표면형과 관련된 문제는 철학적인 과제―본질과 실존(혹은 현상)의 문제와 상통하는 것이다. 본질이 우선인가 아니면 실존이 우선인가 혹은 본질과 실존 중 어느 것이 중심적인 것인가? 사람과 사물 모두에게 같은 성격을 부여할 수 있는 것인가 아니면 사람에게는 실존이 우선이고 사물은 본질이 우선이라는 식으로 분리해서 인식해도 괜찮은 것인가? 만약 그렇다면 인간의 심리적인 표상이 담긴 언어는 어느 쪽에 더 가까운 것인가? 이 문제는 앞으로 계속 더 고민해야 할 것이다.

1.3.2. 규칙의 생성과 소멸 그리고 적용 영역의 변화

다른 모든 현상과 마찬가지로 언어의 통시적 변화도 기본적인 방향은 규칙의 생성, 적용 영역의 변화, 그리고 규칙의 소멸의 과정을 겪게 된다. 규칙의 생성은 개신(혹은 혁신, innovation)이라고 흔히 칭한다. 혁신에 의해 '-았/었-'[9]과 같은 새로운 문법 형태소가 만들어지기도 하고, 주체 겸양 혹은 객체 존대를 뜻하던 '-슿-'과 같이 존재하던 문법 형태소가 없어지기도 한다. 혹은 '둏다〉좋다'와 같이 기존의 형태를 다른 형태로 재구조화시키기도 한다. 존재하던 규칙의 적용 영역이 확산되거나 축소되는 현상에는 음운론적인 환경이 적용하거나 형태론적인 범주가 적용되기도 하는데 이에는 보통 유추라는 현상이 작용하기도 한다.[10]

어떤 규칙이 적용을 다하면 소멸하게 되는데, 이에는 두 종류의 유형이 있다. 하나는 규칙이 존재했던 흔적을 남기지 못하는 경우이고, 하나는 그 소임을 완수했기 때문에 생기는 현상이다. 중세 국어에 존재했던 'ㄹ' 뒤의 'ㄱ' 탈락 규칙에 만들어진 선어말 어미 '-어-'는 유추에 의해 '-어-'가 '-거-'로 통일되자 규칙 자체가 없어진 것이고, 이중 모음 '에, 애, 외, 위' 등의 단모음화는 모든 이중 모음이 단모음화로 변화하자 그 소임을 다하고 규칙이 소멸한 것이다.

한 형태가 다른 형태로 재구조화되면서 파생어나 복합어 등에 이전 형태의 흔적을 남길 수도 있는데 이러한 현상 자체를 흔적이라고 한다. 현대 국어에서 '살'과 '고기'로 있는 형태소가 복합어가 되면 '살코기'가 되는데

---

9 과거를 뜻하는 선어말 어미 '-었/었-'은 '-앳/앳-'에서 만들어진 것이다. 이들은 '-어/아 잇-'이 축약된 것이다. 그래서 이들은 과거나 현재의 상황을 모두 뜻하기도 한다. 예를 들어 '묻었다'라고 하면 '과거에 묻었다'라는 의미와 '현재 묻어 있다'라는 의미를 다 가진다.
10 이에 대해서는 다음 장에서 논의한다.

이는 '살'의 이전 형태가 '삻'이었기 때문에다. '암캐, 수탉' 등도 'ㅎ'이 종성으로 있던 시절의 흔적이다.

이러한 현상들을 국어의 'ㄷ' 구개음화 현상과 관련하여 정리해 보기로 한다. 현대 국어에서 경구개음으로 조음되는 'ㅈ, ㅊ, ㅉ' 등은 과거의 어느 시기에 치조음이었을 것으로 추정된다. 치조음이었던 이들이 경구개음이라는 개신음을 가지게 되고, 이 개신음이 이전의 치조음을 소멸시키고 본음으로 자리 잡게 된다. 그 후 'ㄷ, ㅌ, ㄸ' 등을 경구개의 위치에서 조음되는 [i]나 [y] 등의 동화 작용으로 경구개음화하는 현상이 발생하여 구개음화 현상은 확산된다. 형태소 내부나 형태소의 연결을 구분하지 않고 발생하던 이 현상은 형태소 내부에서 재구조화가 발생하여(예: 둏다〉좋다, 디다〉지다 등) 형태소의 연결에서만 발생하는(예: 주격 조사의 결합 끝+이〉끄치, 부사화 접미사의 결합 굳+이〉구지, 피·사동 접미사의 결합 굳+-히-〉구치- 등) 현상으로 그 적용 영역이 축소되었다.

1.3.3. 변화의 원인

규칙이 변화하는 원인이 무엇일까? 이에 대한 정답을 지금 구한다는 것은 불가능하지만, 약간의 주변적인 논의는 가능할 것이다. 공시적인 시점에서 살아서 활동하고 있는 규칙은 그 적용 가능 영역 내지는 체계의 전체성에서 예외 없이 적용되는 일반성을 가지고자 할 것이고 그리하여 적용될 수 있는 상황에서는 항상 적용되는 투명성을 가지고자 할 것이다.

그러나 현실적인 언어 세계에서는 그러한 조건이 충족되지 못하고 부분에 따라 예외가 존재하고, 또 예외가 새로이 발생함으로써 규칙의 일반성과 투명성에 한계를 초래하여 새로운 규칙이 만들어지는 것이다. 이리하여 언어는 끊임없이 변화해 간다고 할 수 있다.

1.3.4. 변화의 유형

[규칙의 생성과 확산]
 언어가 통시적으로 변화하게 되는 기본적인 요인은 존재하지 않던 규칙이 새로이 발생하는 것이다. 존재하고 있던 규칙의 변화도 통시적 언어 변화에 중요한 요인이 되겠지만 규칙의 변화에 전제되는 것이 규칙의 생성이라고 할 수 있기 때문이다.
 어떤 언어 체계 속에 생성된 음운 규칙은 계열이나 서열을 이루는 모든 요소들에 혹은 음운론적 환경이 동일한 모든 형태소에 그리고 그 언어를 사용하고 있는 모든 계층의 모든 지역에 동시에 적용되지는 않을 것이다. 그래서 시간의 흐름에 따라 음운 규칙은 계열이나 서열을 이루는 계합 관계로 혹은 다른 종류의 형태소로 혹은 단어 구조의 상이함으로 인한 다른 통합 관계로 그 적용 영역을 확산하게 된다. 이러한 현상은 계층에서나 지역에서도 마찬가지이다. 그리하여 규칙 자체가 간소화하거나 단순화하기도 한다.
 규칙이 확산하는 유형에는 규칙 자체의 확산, 어휘적인 확산과 문법 범주의 확산, 지리적 혹은 계층적인 확산 등이 있을 것이다. 그리고 이들이 결합된 유형도 나타날 것이다. 예를 들어 국어에서 구개음화는 근대 국어 시기에 남부 방언에서 발생하여 북쪽으로 확산된 것으로 추정되는데 남쪽 방언에서는 'ㄷ' 구개음화 외에 'ㄱ, ㅎ' 구개음화도 발생하는데 이것은 규칙 자체의 확산이라고 할 수 있을 것이다. 'ㄷ' 구개음화가 중부 방언까지만 확산하고 북부 방언에는 그 영향을 미치지 못하는데 이것은 지리적 확산과 관계될 것이다. 'ㄱ' 구개음화는 어휘에 따라 북상하는 정도가 달라지는데 이것은 어휘적·지리적 확산과 관련될 것이다. 'ㄷ' 구개음화는 복합어나 접두 파생어에서는 적용되지 않는데 이것은 문법 범주의 확산과 관계될 것이다. 중부 방언에서는 'ㄱ' 구개음화의 과잉 교정 현상(짗〉깃(羽),

짐치〉김치)도 나타나는데 이것은 지리적·계층적 확산과 관련될 것이다.

규칙이 확산하여 새로운 규칙의 물결이 지나갔는데도 새로운 규칙의 적용을 받지 않는 경우가 있을 수 있다. 이러한 현상은 주로 규칙의 지리적인 확산에서 볼 수 있는데 방언학에서는 이러한 지역을 잔재 지역(relic area)이라고 하여 왔다.

[재구조화와 규칙의 축소]

음운 규칙이 적용되면 필연적으로 형태소 구조의 변화를 초래하게 된다. 규칙의 적용 범위가 형태소 내부라면 형태소 구조 자체가 변화하게 되고, 그것이 형태소의 연결에서 발생하는 것이라면 음운론적 환경이 서로 달라 교체형이 생기게 되는 것이 일반적이다. 그런데 어떤 규칙이 적용되어 형태소 내부에서는 재구조화가 발생하고 다른 형태소와의 결합에서는 그런 규칙이 살아 있을 때는 규칙 적용의 범위가 축소되는 결과가 초래되는 것이다. 예를 들어 'ㄷ' 구개음화 규칙은 발생 당시에 'ㄷ'이 존재한 위치와 관계없이 '이'나 전설성 활음 앞에서 'ㅈ'으로 변화하였다. 그런데 형태소 내부에서는 재구조화가 일어나고(예: 부텨〉부처, 둏-〉좋- 등), 형태소의 연결에서는 구개음화가 유효한 규칙으로 존재할 경우(예: 구지(굳이), 구더서(굳어서); 가타서(같아서), 가치(같이)) 'ㄷ'구개음화 규칙이 적용되는 영역이 축소되었다고 할 수 있는 것이다. 재어휘화로 인한 규칙이 적용되는 영역이 축소되는 과정을 표로 만들어 보면 다음과 같다.

	형태소 내부	형태소 경계
15세기 형태	둏-	굳이: 굳어; 닫히-: 닫아
ㄷ 구개음화	좋-	구지: 굳어; 다치-: 닫아

	형태소 내부	형태소 경계
ㄷ 구개음화 생성시	○	○
재구조화 이후	×	○

[규칙의 상실과 화석]

존재하는 모든 것이 언젠가는 없어지듯, 존재하던 음운 규칙도 필연적으로 언젠가는 없어지게 된다. 그런데 음운 규칙이 없어지게 되는 유형은 두 가지로 나누어 볼 수 있을 것이다. 하나는 존재했던 흔적을 남기는 것이고 하나는 존재의 흔적을 남기지 못하는 경우이다. 음운 규칙이 없어지는 대부분의 경우는 전자의 예에 속하지만 후자의 경우가 없는 것은 아니다. 예를 들면 15세기 국어 형태소의 연결에서 'ㄱ'이 탈락하여(예: 말+고 → 말오 등) 'ㄱ'과 'ø'가 교체하는 어휘가 있었는데 유추나 교체 계열의 단일화로 'ㄱ'으로 통일되자 'ㄱ' 탈락 규칙은 그 흔적을 남기지 않고 없어졌다.

존재하던 규칙이 없어지지면, 그 규칙이 존재할 때에 발생한 흔적이 후대에 남아 있을 수가 있는데 이것을 화석이라고 한다. 현대 국어에서 '휩쓸-, 좁쌀' 등에 나타나는 제1음절 위치의 끝 자음 'ㅂ'은 'ㅂ'계 자음군이 그 흔적을 남기고 있는 것이고, '살코기, 수탉' 등에서 제2음절이 거센소리인 것은 선행하는 형태소가 'ㅎ' 종성을 가지고 있던 시절의 흔적이다.

제2절 내부 요인에 의한 변화 (1)

2.1. 음운의 변화

음운 변화는 음운을 보는 시각에 따라 세 가지로 나누어 볼 수 있다. 소리의 변화, 관계의 변화, 규칙의 변화가 그것이다. 어느 시각으로 보든 변화의 기본적인 양상은 생성과 소멸, 영역 변화(교체 범위, 분포 범위, 규칙의 적용 범위) 등이다.

소리의 변화는 그 목록의 변화를 기준점으로 하면 논리적으로 세 가지, 즉 목록 수가 줄어드는 것, 변함이 없는 것, 많아지는 것 등의 세 가지가 될 것이다.[11] 그런데 이것을 유형별로 조금 더 나누면 다섯 가지가 될 것이다. 첫째, 존재하지 않던 어떤 것이 새로이 한 존재로 생성되는 것(생성, 첨가); 둘째, 존재하던 한 존재가 없어져 버리는 것(소멸, 탈락); 셋째, 존재하고 있던 한 존재가 역시 존재하고 있던 다른 한 존재가 되는 것(교체, 전환); 넷째, 한 존재가 두 개 이상의 존재로 되는 것(분기); 마지막으로, 두 개 이상의 존재가 하나의 존재로 되는 것(축약, 합류) 등이 그것이다. 그런데 이들은 복합적으로 발생할 수도 있을 것이다. 한 존재가 두 개 이상의 존재로 나누어지는데 발생한 존재 중 하나는 이전에 존재하지 않던 것일 수가 있기 때문

---

11 소리 변화의 제약 내지는 조건과 관련해서는 변화의 유형을 두 가지로 나누어 볼 수 있을 것이다. 무조건 변화와 조건 변화가 그것이다. 무조건 변화(unconditioned change=spontaneous, isolative, independent, autonomous, sporadic change)는 음운론적인 단위 즉 단어, 음절, 음소, 자질 등이나 다른 요인으로 변화의 원인을 설명하기 어려운 변화를 지칭하는 것이다. 중세 국어에 발생한 모음 추이, 중세 국어에서부터 현대 국어까지 이어지고 있는 평음의 거센소리화·된소리화 등이 이에 해당한다. 반면에 조건 변화는 음운론적인 동기를 설명할 수 있는 것을 주로 지칭하게 된다.

이다. 예를 들어 국어사에 유기음이나 긴장음이 기원적으로 존재하지 않았다면, 평음이 2개 이상의 존재로 나누어진 것이고 나누어진 결과는 새로운 음소의 생성이다.

2.1.1. 동화와 이화

음의 변화에서 흔히 볼 수 있는 교체 현상 중의 하나가 하나의 음이 옆에 있는 다른 음의 자질을 받아들여 비슷하거나 같게 되는 현상인데 이를 흔히 동화라고 한다. 15세기 존재하던 '흔쁴'가 '함께'가 되는 현상이나, '믈, 블'이 '물, 불'로 되는 현상, '삿기'가 '새끼'가 되는 현상, '삼기-'가 '생기-'로 되는 현상, '부텨, 둏-' 등이 '부처, 좋-'가 되는 현상 등은 모두 동화에 의한 것이다.

간단하게 언급한 위의 예이지만 위의 예에서 동화는 네 가지의 기본 축으로 작용하고 있음을 알 수 있다. '무엇이, 어떤 위치에서, 어떤 방향으로, 얼마나'의 네 가지가 그것이다. 동화의 성격에서 보면 조음의 방식에서 동화하는 것도 있고(조음 방식 동화: 'ㄴ'의 유음화 등), 조음의 위치가 동화하는 것도 있다(조음 위치 동화: 구개음화 등). 동화주와 피동화주의 위치가 바로 인접할 수도 있고(인접 동화: 구개음화 등 대부분의 동화), 서로 떨어져 있는 경우도 있다(간격 동화: 'ㅣ' 모음 역행 동화 등). 동화의 방향은 앞의 음이 뒤따르는 음의 자질을 가질 수도 있고(역행 동화, 선취 동화: 구개음화 등), 뒤의 음의 앞선 음의 자질을 가질 수도 있다(순행 동화, 지연 동화: 원순 모음화 등). 그리고 동화의 정도에서 보면 문자 그대로 동화되는 것이 있는가 하면(완전 동화: 'ㄴ'의 유음화 등), 유사한 음이 되는 수도 있다(부분 동화: 구개음화 등 대부분의 동화).

동화에 반대되는 현상이 이화이다. 동화가 조음을 단순하게 하여 조음의 경제성을 꾀하고자 하는 것이라면 이화는 많은 경우 반복되는 조음을 회피하여 조음의 경제성이나 조음 신경의 안정성을 꾀하기 위해 나타나는 현상이다. 예를 들어 '거붑〉거북'의 변화는 제2음절 위치의 세 음소가 모두 입술의 작용과 관계되므로 이를 회피하기 위해 기능 부담량이 적은 종성을 다른 음으로 변화시키는 것이다. 비슷하거나 동일한 음의 반복이 계속될 때 이 중 하나를 탈락시켜 버리는 현상도 있는데 이를 동음 생략이라고 한다. 고대 국어에서 '*ᄒᆞᄅᆞ, ᄆᆞᄅᆞ' 정도로 재구될 수 있는 것들이 'ᄒᆞ ᄅ, ᄆᆞᄅ' 등으로 되는 것이 이에 속한다.

2.1.2. 생략과 첨가

음소의 연결이 불가능하거나 조음상의 어려움으로 존재하던 것을 없애 버리는 것을 생략 혹은 탈락이라고 한다. 탈락은 단어 구조로 인해 발생하기도 하고(예: 두음법칙 등), 음절 구조로 인해 탈락하기도 한다(예: 자음군 간소화(뜸, 퓌), 반모음의 탈락 등). 또한 음소 연결의 제약으로 인해 탈락하기도 한다(예: 'ㄹ' 탈락).

반면에 첨가는 음소 연결의 부자연스러움을 중간에 새로운 요소를 삽입시켜 해결하는 것이다. 'ㄴ'첨가(예: 더디-〉더지-〉던지-, 고치-〉곤치-, 까치〉깐치, 모가지〉모간지 등)나 활음 첨가 등의 예가 있다.

2.1.3. 축약과 합류 그리고 분기

음의 변화 중 조건 변화는 음운론적인 환경에 의해 이미 존재하고 있는 음으로 변화하는 것이 일반적이지만 이와 달리 음소의 수와 분포의 변화를 직접적으로 초래하는 변화들이 있다. 분기와 합류, 소실이 그것이다.

축약은 두 음소를 합쳐 하나의 음소로 조음함으로써 음소 연결의 부자연스러움을 해결하는 것이다. 자음과 자음이 축약하거나 모음과 활음이 축약하는 현상은 국어의 변화에서 흔히 볼 수 있는 현상이다.

15세기 국어에 존재하던 자음군이 현대 국어에서 된소리 내지는 거센소리로 남아 있는 것은 자음군 축약의 예이고, '살코기, 암캐미' 등은 'ㅎ'을 종성으로 가지고 있던 체언이 복합어에서 축약 현상으로 그 흔적을 남기고 있는 것이다. 15세기 국어에서 '홇+바 → 홀빠' 가 되는 현상도 자음과 자음의 축약이다. 즉, '평음+ㅎ〉격음, 평음+ㆆ〉경음' 등은 축약에 해당한다. 15세기 국어에 존재했던 하향적 이중 모음 '에, 애, 외, 위' 등이 근대 국어를 거쳐 현대 국어로 오면서 단모음으로 바뀐 것은 모음과 관련된 축약의 예이다. 그리고 '브, ᄫ' 등이 '우, 오'로 변화하는 것은 'ᄫ'이 'w'로 변화한 후 모음과 축약한 것이다. 방언에서 '꿩'을 '꽁'이라고 하는 현상, 그리고 '누어라, 두어라, 주어라' 등을 '노라, 도라, 조라'라고 하는 것도 원순성 활음과 '어' 모음이 축약한 것이다.

　어떤 음소가 그 언어 체계 내에 있는 다른 음소로 변화하여 변별력을 잃어버리는 현상을 합류라 한다. 합류는 부분적 합류와 완전한 합류(혹은 절대적 합류)로 나눌 수 있다. 특정한 환경 내지는 위치에 있는 음소의 일부분은 제 모습을 유지하고, 다른 환경 내지는 다른 위치에 있는 일부분은 다른 음소로 변화하여 변별력을 상실하는 것을 부분적 합류라고 볼 수 있다. 모든 음운론적 환경에서 그 흔적을 남기지 않고 다른 음소로 변화해 버리는 것은 완전한 합류라고 볼 수 있다. 전자의 예로는 'ㆍ'가 제1음절 위치에서는 음운론적인 변별력을 가지면서 15세기 후반부터 제2음절 위치에서는 '으' 또는 특수한 환경에서 '오'로 변화하는데, 제1음절 위치에서는 변별력을 유지하고 제2음절 위치에서는 다른 음소와 합쳐졌으므로 부분적 합류라 할 수 있다. 한편 제1음절 위치에 남아 있던 'ㆍ'는 18세기 후반에 전반적으로 '아'와 합쳐지게 되는데 이것은 완전한 합류라 할 수 있다. 완전한(절대적) 합류의 또 다른 예는 고대 국어에 존재했을 것으로 추정되는 /*r/, /*l/ 등의 변화에서 볼 수 있다. 즉 고대 국어에 존재했을 것으로 추정되는 /*r/, /*l/은 그 흔적을 남기지 않고 하나의 음소가 되어 버렸으므로 완전한 합류라 할 수 있다. 그리고 중부 방언에서 중세 국어의 자음군이 된소리로 전부 변화한 것도 완전한 합류라고 할 수 있을 것이다. 현대 국어의 많은 방언에서 '에, 애'가 변별되지 않는 것도 합류의 결과이다.

하나의 음소가 두 개 이상의 음소로 나누어지는 것을 분기 혹은 분열이라고 한다. 이것은 하나의 음소가 동시에 실현되던 변별 자질을 계기적으로 실현시키는 분기와 동시에 실현되는 음소가 두 종류 이상으로 나누어지는 분기로 나누어 볼 수 있다. 전자는 축약에 반대되는 현상으로서의 분기이고 후자는 합류와 반대되는 현상으로서의 분기이다. 현대 국어에서 단모음으로 실현되던 '외, 위'가 그 자질을 적절히 분할하여 계기적인 두 음운 단위인 'we, wi' 등으로 실현되는 것은 전자의 예이다. 'ㄱ, ㄷ, ㅂ, ㅈ, ㅅ' 등 평음이 일부는 평음으로 실현되면서 일부는 'ㅋ, ㅌ, ㅍ, ㅊ' 등의 유기음으로 변화하고, 일부는 'ㄲ, ㄸ, ㅃ, ㅉ, ㅆ' 등의 된소리로 변화하는 것은 평음의 분기 현상으로 후자의 예이다.

통시적으로 음의 변화는 분기와 축약, 합류라는 변화를 복합적으로 경험할 수도 있다. 앞에서 예를 들었던 'ㆍ'가 제1음절 위치에서 변별력을 유지하면서 제2음절 위치에서 다른 음소로 변화하는 것은 'ㆍ'의 분기에 이은 합류라고 할 수 있는 것이다. 중세 국어에서 하향적 이중 모음이었던 '외, 위' 등이 단모음으로 변화하였다가 다시 이중 모음으로 변화하는 현상은 축약과 분기가 통시적으로 발생한 결과이다. 즉, '외, 위'가 'oi, ui 혹은 oj, uj'에서 'ö, ü'로 변화하는 것은 축약의 과정이고, 이들이 다시 'we, wi'로 변화하는 것은 분기의 과정인 것이다.

2.1.4. 기타

이외에 음운 도치와 모음 전환 등이 있는데 이러한 현상이 일어나는 원인은 음운론적으로 설명하기가 쉽지 않다.

음의 연속체가 발화되는 순서를 바꿀 때 음운 도치 혹은 음위(音位) 전환이라고 한다. '하야로비 〉 해오라기(해오라비)'의 변화는 '아'와 '오'가 순서를 바꾼 것이고, '나누-, 노나-(〈난호-)'의 존재는 '오, 아'가 그 위치를 바꾼 것이다. 그리고, '덤붕, 둠벙'은 '어, 우'가, '굿블-, 굽슬-'은 'ㅅ, ㅂ'이 발화의 순서를 바꾼 것이다. 그리고 '거품, 버끔, 더품'이 존재하는 것은 도치와 축약 등이 어우러져 발생한 것이다.

모음 전환은 모음을 바꾸어 의미의 분화를 꾀하는 방법인데 모음 체계에서 대립되는 짝에 한해 가능하다. 흔히 인용되는 '낡-:늙-, 남-:넘-' 등은 모음 전환에 의한 것이다.

2.2. 문법의 변화

문법 체계의 변화는 통사 구조의 변화와 문법 범주의 변화로 나누어 볼 수 있다. 전자는 완결된 문장의 형식이 변화하는 것과 체언과 용언의 지배·결속 관계가 변화하는 것 그리고 문체가 달라지는 것 등을 포괄할 수 있을 것이다. 후자는 논리적으로 세 유형으로 분류할 수 있다. ① 새로운 문법 범주가 생성되거나, ② 존재하던 문법 범주가 없어지는 것, ③ 문법 범주의 기능이 전화되거나 문법 범주는 변화하지 않고 그것을 나타내는 형식이 바뀌는 것 등이 그것이다.

구체적이고 상세한 예는 이 책의 뒷부분을 참고하기로 하고 여기서는 유형별로 한두 예만 제시하기로 한다.

2.2.1. 통사 구조의 변화

국어는 기원적으로 명사문이었다고 한다. 즉 문장의 서술어가 명사나 동명사로 끝났었다고 한다. 그런데 이것이 15세기에는 의문문에서만 그 흔적을 남기고 있고(예: 이는 賞가 罰아(몽산, 53), 므슴 놀애 브르는다(월석, 8:101)) 현대 국어에서는 동남 방언에 그 흔적을 남기고 있을 뿐 없어져 버렸다.

　통사 구조의 변화에서 주로 논의할 수 있는 것은 주어와 목적어 그리고 서술어의 관계 변화일 것이다. 이러한 변화는 문장의 변형 과정에서 발생한 것도 있고, 서술어를 이루는 동사의 격 지배 자체가 변한 것도 있다. 한 언어의 통사 구조가 기본적으로 바뀐다는 것은 상상하기 어려운 일이므로 통사 구조의 변화가 문장의 기본 구조에서보다 변형 구조에서 주로 발생할 것은 당연한 사실이다. 한국어의 경우 한 문장이 내포문으로 변형될 때 그 나타나는 유형이 변화하였다. 예를 들어 현대 한국어에서 내포문의 주어는 주격으로 나타난다(예: 내가 어머니를 위하여 행한 광대서원을 들으십시오). 그런데 이것은 15세기 국어에서 속격으로 나타나던 것이다(예: 내이 어미 爲ᄒᆞ야 發혼 廣大誓願을 드르쇼셔(월석, 21:57)). 동명사형의 실질적인 주어의 형식이나 동명사형의 표현 방식도 변화하였다. 15세기에는 '意中이 淸淨ᄒᆞ리라(육조, 중:53)' 같은 문장이 변형되어 서술어가 동명사형이 될 때 '意根이 淸淨호미 이러홀씨(석상, 19:25)'와 같이 주격이 속격으로 변형되어 나타났다. 그런데 주된 문장에 나타나는 서술어의 종류에 따라서는 대격형으로 나타나기도 했다(예: 사ᄅᆞ미 이ᄅᆞᆯ 다봇 옮듯호ᄆᆞᆯ 슬노니(초두해. 7:16)). 이러한 변화는 한 문장이 내포문으로 바뀌는 과정에 생기는 현상인데 현대 국어에서는 두 문장을 결합하는 표현 방식 자체가 바뀌고 있다. 예를 들어 '그 사람이 옳다, 그 사실이 증명되었다'라는 두 문장을 하나의 복문으로 변형할 때, 현대 국어에서는 '그 사람의 옳음이 증명되었다.'라고 할 수도 있지만 이러한 표현보다는 '그 사람이 옳다는 것이 증명되었다.'라고 표현하는 것이 우세해져서 표현 자체가 바뀌고 있는 것이다.

　동사의 격 지배가 바뀐 한두 예를 들면 다음과 같다. '松門은 그리미 ᄀᆞᆺ도다(松門似畫圖: 중두해, 11:42), 거부븨 터리와 톳긔 썰왜 ᄀᆞᆮᄂᆞ니(능해, 1:90)' 등과 같이 이중 주어를 지배하던 '굳-'은 '내 뜯과 ᄀᆞᆺ다(我意同 ; 노해, 상:10)'와 같은 형식의 발달로 인해 현대 국어에서는 이중 주어를 지배하지 않는다. 그리고 '나랏 말ᄊᆞ미 中國에 달아(훈민언해, 1)'에서와 같이 처격을 지배하던 '다ᄅᆞ-' 역시 현대 국어에서 공동격을 지배하고 있는 것이다.

문체는 한문식의 문체가 섞여 있던 것이 순 우리말식으로 바뀌고 있고, 외국어의 학습으로 새로운 문체가 만들어지기도 한다.

2.2.2. 문법 범주의 변화

[문법 범주의 생성과 소멸]

새로운 문법 범주가 생성되는 예로는 시상을 나타내는 '-었-'의 생성을 들 수 있을 것이다. 이 형태는 본래 부사형 어미 '-어'와 존재사 '잇-'이 결합하여 '-엣-'으로 나타나던 것인데(죽어+잇더니→죽엣더니), 이중 모음 '에'가 단모음화되는 것 등과 관련하여 '현재 상태 혹은 과거 사실'(예: 네 옷에 흙이 묻었다. 그 사람은 어제 죽었다. 등)을 나타내는 독립된 선어말 어미로 발전하게 된 것이다. 다른 한 유형의 예로는 후치사 '부터'를 들 수 있을 것이다. 이 어휘는 본래 '븥-'에 부사형 어미 '-어'가 결합하여 '브터'로 나타나고 그 앞에 목적격 조사를 두던 것인데(예: 너를브터), 이것이 후대에 후치사로 발전하여 '부터'가 된 것이다. 이것은 어휘 형태소가 문법 형태소로 변화한 것이다.

존재하던 문법 범주가 소멸하는 예로는 중세 국어에 존재하던 선어말 어미 '-오/우-'의 소멸을 들 수 있을 것이다. '-오/우-'는 근대 국어를 거쳐 현대 국어에 오면서 없어지게 되는데, 이 형태가 없어지면서 의도법(혹은 인칭법)을 나타내는 문법 범주가 국어에서 없어지게 되었다. 또 하나의 예로는 역시 중세 국어에 존재하던 선어말 어미 '-ᅀᆞ-'의 소멸을 들 수 있을 것이다. 이 형태는 'ᅀ, ᄫ'의 소멸로 형태 자체가 없어지면서 이것이 나타내던 '주체 겸양 혹은 객체 존대'라는 문법 범주가 없어지게 되었다.

[기능 혹은 목록의 변화]

문법 범주의 기능 전환은 국어의 동명사화하는 기능이 있던 어미가 관형형의 기능만을 가지게 된 것에서 예를 찾아볼 수 있다. 이른바 동명사형의 기능을 하던 '-ㄴ, -ㄹ' 등의 형태소는 현대 국어에서는 동명사화하는 기능을 버리고 관형형의 기능만을 수행하고 있다.

문법 범주 자체가 변화하지는 않고, 그것을 표시하는 형식이 변화하여 어떤 문법 범주를 나타내는 목록의 변화를 초래하게 되는데 이러한 예는 아주 많다. 문법 범주의 목록이 추가되는 예로는 주격 표시의 '-가'를 들 수 있을 것이다. 중세 국어에서 주격은 단일한 기저형 '-이' 하나로 표시되었다. 이것은 자음 뒤에서는 'ㅣ, 이'로 나타나고(예: 밥+이→바비, 몸+이→몸이, 달+이→달이 등), 모음 뒤에서는 '-ㅣ'로 나타나고(예: 쇼+이→쇠, 바+이→배 등), 'ㅣ'로 끝난 모음 뒤에서는 그것이 표면적으로 나타나지 않는다(예: 가히+이→가히, 마디+이→마디 등). 그런데 근대 국어에 와서 '-가'라는 새로운 형태가 나타나 모음 뒤에서는 '-가'가 나타나고, 자음 뒤에서는 '-이'가 결합하는 형식으로 바뀐 것이다. 즉 주격이라는 문법 범주는 그대로 있으면서 그것을 표시하는 형태에 변화가 발생한 것이다. 이것은 하나의 문법 범주를 좀 더 다양한 형태로 표기하는 방향으로 변화가 발생한 것이다. 이와 반대되는 변화도 볼 수 있다. 중세 국어의 의문법에는 '-고' 형의 의문법과 '-가' 형의 의문법이 있었다. 이것이 후대에는 '-가' 형으로 점차 통합 현상이 일어나 문법 범주는 있지만 그것을 나타내는 형태는 단일화하게 되었다. 처격 형태의 변화에서도 같은 현상을 볼 수 있다. 15세기 처격은 '-에/애, -의/이, -예' 등으로 나타나는데 후대에 와서 '-에' 하나로 통일되었다. 이들은 하나의 문법 범주를 표시하던 다양한 형태들이 하나로 통합되어 좀 더 간편한 문법 체계로 변화하게 되는 예들이 될 것이다.

2.3. 어휘의 변화

어휘의 변화 역시 ① 새로운 어휘가 생성되거나, ② 존재하던 어휘가 없어지는 것, 그리고 ③ 어휘 형태는 그대로 있으면서 그것이 나타내는 의미 영역이 변화하는 것 등으로 나누어 볼 수 있다. 상세한 예는 이 책의 뒷부분에서 보도록 하고 여기서는 한두 예만 제시하기로 한다.

2.3.1. 어휘의 생성과 소멸

어휘가 생성되는 유형에는 여러 가지가 있을 것이다. 즉 새로운 어휘를 만들어 내거나 외부로부터 차용을 하거나 기존의 어휘를 전혀 다른 뜻으로 사용하는 경우 등이 있을 것이다. 이전에 존재하지 않던 사물이나 개념을 표현하기 위해 '대통령, 공중파, 민주, 맞춤법' 등의 말들을 새로이 만들거나, 새로운 복합어나 파생어를 만들어 내고 혹은 민간 어원의 방식으로 새로이 말을 만들 것이다.

존재하던 어휘는 그것이 지칭하던 대상 자체가 없어지거나 사용할 필요가 없어서 혹은 유사한 어휘나 차용어·외래어에 밀려서 어휘가 소멸하기도 한다. 또한 어휘 형성법의 변화로 어휘가 소멸하기도 한다. 예를 들어 '나막신, 난겻' 등이 현대어에서 사라졌거나 사라지고 있는 것은 그 대상을 사용하지 않거나 유사어에 밀린 것이다. '멀테로, 새절보기, 뫼' 등은 한자어 '大略, 新行, 山'에 밀려 사용되지 않는다. '붓좇-, 죽살-' 등이 현대 국어에서 사용되지 않는 것은 어휘 형성법의 변화 때문이라고 할 수 있다.

2.3.2. 의미 영역의 변화

어휘가 지칭하는 의미의 영역이 변화하는 유형은 논리적으로 세 가지가 될 것이다. 의미의 확장, 의미의 축소, 의미의 이동 등이 그것이다. 의미의 이동은 다시 상승 이동과 하강 이동으로 흔히 구분한다.

사회와 문화의 발전과 더불어 새로운 개념이나 사물이 생기면, 그에 적합한 새로운 단어를 만들어야 하는데 이것이 여의치 않을 경우 이미 존재하고 있는 단어의 의미 영역을 확장하여 사용하게 된다. 예를 들어 '다리'는 원래 '사람이나 짐승의 앞부분이나 뒷부분에서 상체를 받치거나 움직일 때 사용하는 신체의 일부분'인데 그 의미가 확장되어 '책상다리, 안경다리' 등으로 쓰이게 되었다. 의미가 축소된 예로는 '짐승, 새끼' 등을 들 수 있다. '짐승'은 15세기에 '즁싱'으로 나타나던 것이다. 의미는 살아 있는 모든 것을 지칭하던 것인데 지금은 '사람 이외에 살아 있는 동물'로 한정하여 사용하고 있다. '새끼'는 15세기에 사람이나 짐승의 '어린 것'의 의미로 사용되던 것인데 지금은 특수한 경우를 제외하면 '갓난 짐승'에 한정하여 사용하고 있다.

의미가 하강한 예로는 다음의 것이 있다. '외도(外道)'는 본래 불교의 용어로서 '불교 이외의 다른 종교'를 지칭하던 것이었는데 지금은 '바람피우는 일, 올바르지 않은 다른 길'의 의미로 쓰이고 있다. '계집'은 본래 '겨-+집'의 복합어로서 중세 국어에서는 일반적인 여성을 지칭하는 어휘였으나 지금은 여자를 경멸적으로 지칭할 때 사용된다. 의미가 상승한 예로는 '영악(獰惡)'을 들 수 있을 것이다. 이것은 본래의 의미는 거의 잃어버리고, '똑똑하다'라는 개념과 관련하여 사용하고 있다. '匠人'도 의미가 상승한 예가 될 것이다. '특별한 일에 종사하여 낮은 계급에 속하는 사람'이라는 개념은 거의 버려지고 '전문가'의 뜻으로 쓰이고 있다.

제3절 내부 요인에 의한 변화 (2)—유추

유추란 추론(혹은 추리)의 한 과정이다. 추론이란 이미 알려진 정보나 지식을 바탕으로 다른 사물이나 사건을 판단하거나 결론을 이끌어 내는 것을 일컫는다. 이에는 주어진 자료를 바탕으로 새로운 결론을 이끌어 내는 귀납(적) 추론과 연역(적) 추론이 있고, 이미 존재하고 있는 것을 바탕으로 이와 유사하게 이끌어 가는 유비(적) 추론(유추) 등이 있다.

3.1. 귀납 추론과 연역 추론

귀납 추론이란 개별적인 현상이나 특수한 사실을 분석하고 정리한 결과로 이들을 포함하는 상위 범주에 대한 일반적인 결론을 도출하는 방법이고, 연역 추론이란 이와 반대로 일반 원칙(혹은 대전제)을 바탕으로 개별 혹은 특수 사항에 대한 결론이나 판단을 유도하는 것이다. 각각의 예를 들면 다음과 같다.

갑이라는 사람도 죽었다.
을이라는 사람도 죽었다.
……
고로 모든 사람은 죽는다.

이렇게 개별적인 사항들에서 공통적으로 발생하는 결과를 바탕으로, 일반적인(혹은 보편적인) 결론(혹은 대원칙)을 이끌어 내는 추론 방식을 귀납적인 추론이라고 한다.

다음은 연역적인 추론의 예이다.

(1) (대전제) 모든 인간은 언젠가 죽는다.
　(소전제) 갑은 인간이다.
　(결론) 고로 갑은 언젠가 죽는다.
(2) (대전제) 갑은 인간이다.
　(소전제) 모든 인간은 언젠가 죽는다.
　(결론) 고로 갑은 언젠가 죽는다.

(1)과 (2)는 대전제와 소전제의 위치가 바뀌어 있는데 (1)은 '인간'이라는 상위 범주가 가지는 '인간'의 속성을 이에 속하는 개별 요소 혹은 하위 범주 '갑'에 적용될 결론을 이끌어 내는 것이다. 반면에 (2)는 '갑'이라는 복합 개체가 '인간'이라는 속성을 가지고 있고, 하위 속성으로서의 '인간'은 '죽는다'라는 특성이 있는 것을 추론하여 결론에 도달한 것이다. 어느 경우이든 추론의 과정은 일반적인 원칙 혹은 속성을 바탕으로 개별적인 사항에 적용되는 결론을 도출하는 것이다.

3.2. 유추(유비 추리/론)

3.2.1. 유추의 개념

유추란 유비 추론(추리)을 줄인 말로 추론의 한 종류라고 흔히 일컬어지고 있다. '유비'란 서로 다른 두 개의 사물 내지는 개념을 서로 맞대어 동일성이나 유사성을 가질 것으로 판단하는 것이다. 즉, 하나의 사물 내지는 개념이 가지고 있는 속성이나 특징(속성 A)을 그러한 속성이나 특징이 없는 다른 사물 내지는 개념도 가지고 있을 것으로 판단하여 '속성 A'를 확장하거나 '속성 A'로 대체하는 일이다.

이러한 유추는 귀납 추론이나 연역 추론과는 판이한 추론의 과정이다. 일반에서 개별로 혹은 개별에서 일반으로 도출되는 추론의 과정을 연역적·귀납적 추론이라고 한다면, 유비 추론(혹은 유추)에서는 이와 달리 일반과 개별과 같은 전체와 부분이라는 개념과 상관없이 이루어지는 추론이다. 즉, 유비 추론은 특정한 '유(類) 혹은 범주 내에 속하는 종(種)이나 개체'에 적용될 수 있는 명제가 동일한 '유(類) 혹은 범주 내에 속하는 다른 종(種)이나 개체'에도 적용될 수 있다는 가설(전제)에서 출발하여[12] 하나의 동일한 '유(類) 혹은 범주 내에 속하는 특정한 종(種)이나 개체'가 다른 개체나 종의 영향을 받아 동일하거나 비슷한 유형을 가지게 되는 것을 유추라 하는 것이다.

우리 속담을 예로 하여 설명하면 다음과 같다. 우리 속담 중에 '하나를 보면 열을 알 수 있다'라는 속담이 있다. '하나'의 사례를 보고 '패러다임'이나 결론에 도달하여 이 결론으로 다른 사례들을 판단했다면, 여기에는 귀납적인 오류와 연역적인 오류가 생겨난 것이다. '하나'의 사례를 보고 '패러다임'이나 결론에 도달하는 과정은 귀납적인 과정인데 이는 '지나친 일반화의 오류'를 범하는 것이다. 귀납적인 결론을 내릴 수 있을 정도로 충분한 수의 증거를 검토하지 않았기 때문이다. 도달한 결론으로 다른 사례들을 판단하는 과정에는 연역적인 추론 과정의 오류가 발생한다. 이미 도출한 대전제(결론)과 소전제인 다른 사례들에는 인과적인 관계가 있는지 없는지 검토하지 않았기 때문이다. 이런 추론과 달리 '하나의 사례'에서

---

[12] 추론의 과정 내지는 방향이 연역은 '상위에서 하위로', 귀납은 '하위에서 상위로'이지만 유추는 하나의 결론 혹은 현상을 같은 층위에 속해 있는 다른 범주에 적용하는 것이다.

나타나는 현상을 '다른 사례'에도 적용할 수 있으리라 생각하고, 사례에서 사례를 직접 영향을 주고받고 하는 것은 유추이다.

유추는 개체나 개념에 대한 정보의 기존성 여부의 관점에서 '비교'라는 개념과도 엄격히 구분된다. '비교'는 이미 알고 있는 둘 이상의 사물이나 개념의 공통성이나 유사성을 찾아내는 과정임에 비하여 유추는 이미 알고 있는 사물이나 개념의 속성을 아직 모르고 있는 사물이나 개념의 속성으로 전용 내지는 대체하는 것이다. 이도 역시 이미 알고 있는 지식을 바탕으로 새로운 판단을 하여 지식(?)을 확장하는 인식의 한 과정이므로 이 점에서는 유추나 비교가 공통성을 가진다.

유추는 유추의 과정을 거친 결과 내지는 결론이 보여 주는 양상의 차원에서 통합이나 융합과는 엄격히 구분된다. 통합이나 융합이란 두 개 이상의 상이한 개체나 개념이 하나로 합쳐지는 개념이다. 각각이 기존에 가지고 있던 본래의 성질을 보유하면서 하나로 합쳐져 새로운 개념이나 사물이 생기는 것을 통합이라 하고, 본래의 특성이나 속성을 유지하지 못하고 새로운 존재로 창조되는 것을 융합이라 한다. 이 둘은 기존의 속성을 유지하느냐 못하느냐의 차이는 있지만 새로운 하나를 만든다는 차원에서는 동일하다.[13] 그러나 유추는 기존의 것을 버리고 다른 것으로 대체 내지는 교체되는 것이므로 둘은 엄격히 구분되는 것이다. 유추에서는 기존의 하나가 버려져 소멸하고, 다른 하나가 대체되거나 교체되면서 그 영역을 확장하는 것이다.

이러한 유추는 합류의 한 유형이라고 할 수도 있다. 둘 이상의 것이 하나로 변화하는 것이기 때문이다. 이러한 개념에 관한 논의는 다른 자리에서 하기로 한다.

---

[13] 이러한 차원에서 통합은 '융합'과 구분된다. 융합이란 둘 이상이 하나로 합쳐지면서 그 본디의 성질을 가지지 못하는 것이다. 산소(O)가 수소(H)와 결합하여 물(H2O)이 되는 것이 융합의 예가 된다. 산소와 수소는 본래의 성질을 버리고 새로운 존재가 되는 것이다.

이렇게 유비 추론이 발생하는 현상은 대체적으로 동일한 교체 계열(혹은 계열체)에 속하는 한 개체(혹은 개체의 유형)가 다른 개체에 영향을 끼치는 것이다.

3.2.2. 교체 계열[14]과 교체 유형

가. 교체 계열

교체 계열(혹은 계열체)이란 '교체될 수 있는 혹은 교체되는' 언어 단위들의 집합을 의미하는 개념인데 이에는 통사 의미론적(혹은 형태 통사론적)인 것과 음운론적인 것 두 가지가 있을 수 있다. 의미론적(혹은 형태론적)인 교체 계열이란, 동일하거나 비슷한 기능이나 의미를 가지고 있어서 서로 교체될 수 있는 언어 단위들의 묶음을 말한다. 예를 들어 '사람이 간다'라는 문장에서 '사람'의 자리에는 명사의 기능을 수행할 수 있는 다른 명사들로 교체할 수 있고, '-이'의 자리에는 조사의 기능을 하는 문법 단위들로 교체할 수 있고, '간다'의 자리에는 동사의 기능을 하는 언어 단위들로 교체할 수 있다. 물론 여기에는 조건 설정에 따른 한계가 있다. '하나의 명제로 성립될 수 있는 문장'이라는 조건을 붙이지 않는다면 명사가 있는 자리에는 모든 명사로 교체할 수 있고, 조사의 자리에는 모든 조사를 교체할 수 있고, '간다'의 자리에는 모든 동사(형용사를 포함)로 다 교체할 수 있다. 그러나 '의미가 성립되는 명제에 한한다.'라는 조건을 붙이면 '사람'의 자리에는 '개'나 '물고기' 등 생물체 중 동물은 들어갈 수 있지만 '움직일 수 없는 생물체'는 들어갈 수 없다. 조사 '-이'의 자리에는 주격 조사의 기능을 수행하거나 주격의 자리에 놓일 수 있는 조사 이른바 특수 조사의 일부만 올 수 있

---

[14] '계열체'라고도 한다. paradigm을 번역한 말이다. 외래어로서 '패러다임'을 사용하기도 한다.

고 그 외의 조사는 올 수 없다. '간다'의 자리 역시 기능이나 의미의 유사성을 공유하지 못하는 많은 동사들이 교체 대상에서 제외될 것이다. 여기에 세부적인 의미상의 조건을 더 붙인다면 교체될 수 있는 대상은 더욱 줄어들 것이다. 음운론적인 교체 계열이란 하나의 형태소를 구성하는 음소가 음운론적인 환경에 따라 서로 다른 둘 이상의 교체형으로 존재하고, 이들이 하나의 계열을 이루는 것을 말한다. 예를 들어 '돕-'이라는 동사는 뒤에 이어지는 어미의 초성에 따라 '[돕], [돔], [도우]'로 실행되는데 이 세 개의 실현 형태는 하나의 교체 계열을 이루는 것이다. '값'의 경우도 유사하다. 이 형태소 역시 이어지는 조사의 두음에 따라 즉 '값이, 값도, 값만'의 경우 [갑씨], [갑], [감] 등의 교체형을 가지게 되는데 이들은 하나의 교체 계열을 이루는 것이다.

나. 교체 유형

앞에서 우리는 교체 계열에는 두 가지 종류가 있다고 하였다. 통사 의미론적으로 교체를 보이는 계열과 음운론적으로 교체를 보이는 계열이 있다고 하였다. 통사 의미론적으로 교체를 보이는 계열은 통사론적인 기능을 공유하거나 유사성을 가지고 있기 때문이고 의미론적으로 교체 계열을 이루는 것은 의미를 공유하거나 유사성을 가졌기 때문이다. 그리고 음운론적으로 교체를 보이는 계열은 하나의 형태소가 음운론적인 환경에 따라 서로 다른 형태를 보이는 경우이다. 예를 들어 주격 조사 '-이/-가'의 교체는 통사론적인 기능을 공유하는 것이고, '부친'과 '아버지'가 하나의 계열을 이루는 것은 의미의 공유성과 유사성 때문이고 '돕-'이 '돕-, 돔-, 도우-' 등과 교체를 보이는 것은 음운론적인 환경이 다르기 때문이다. 이렇게 '교체 계열'이란 교체를 보이는 개개 요소들 혹은 이들의 집합체를 의미하는 것이다.

반면에 교체 유형이란 문자 그대로 이들이 '교체를 보이는 유형'을 지칭하는 개념으로 사용하는 것이다. 앞에서 든 예로 설명하면 '돕-과 같은 'ㅂ' 불규칙 동사는 어간 말 자음이 'ㅂ, ㅁ, 오/우'로 교체되는 세 종류의 계열을 가지고 있는데 이러한 교체를 보이는 상황 그 자체를 하나의 유형으로 보고자 하는 것이다. 즉, 어간 말 자음이 'ㅂ, ㅁ, 오/우'로 교체되는 현상 자체를 하나의 '교체 유형'으로 지칭하고자 하는 것이다. 다시 말해, 교체 계열은 교체를 보이는 개개 요소들에 초점을 둔다면 교체 유형이란 이들이 전체적으로 보이는 교체 양상 내지는 현상의 유형을 지칭하는 개념으로 사용하고자 하는 것이다.

교체 유형을 따로 언어의 단위로 설정하는 이유는 하나의 교체 유형이 다른 교체 유형에 영향을 미쳐 교체 계열의 변화를 초래할 수 있기 때문이다.

여기서 생기는 문제는 교체 계열의 범위를 어떻게 어떤 기준으로 정할 것인가 하는 문제인데 이 문제는 기준의 설정이나 방향에 따라 달라진다. 언어를 의미와 음성의 복합체로 본다면 첫째 언어 단위들의 '기능'이나 '의미'의 범위를 어떤 기준으로 한정할 것인가 하는 문제와 연관되고, 둘째는 음성적인 변이를 어떻게 어느 범위까지 수용할 것인가에 따라 달라지는 것이다.

이러한 문제의 해결책을 찾기 위해 자연 과학에서 사용되는 패러다임의 사전적 개념을 빌어 와서 검토해 보기로 하자. 표준국어대사전에 의하면 패러다임은 '어떤 한 시대 사람들의 견해나 사고를 지배하는 이론적인 틀이나 개념의 집합체'로 정의하고 있다.

어떤 공통성 내지는 공통 특질은 공유하고 있는 기호 요소들의 집합체, 공통성이란 그 기준점에 따라 언어 단위의 범위가 크게 다를 수 있다. 간단한 예를 들어 한글 자모 자음과 모음 평음 연구개음, 전설모음, 원순 모음, 조사와 격조사, 기본형과 변이형 등은 모두 기준점의 설정에 따라 하나의 교체 계열(혹은 계열체)가 될 수 있는 것이다.

제4절 외부 요인에 의한 변화—차용

민족과 민족 간의 교류와 접촉으로 언어 간의 접촉과 교류가 발생하면서 언어 간에 차용 등의 현상이 발생하게 된다. 차용은 기본적으로 없는 곳에서 새로운 것을 받아들이는 과정이므로 문화의 수준이 높은 곳에서 낮은 곳으로 발생하고, 대체로 차용은 언어의 구성 성분인 음운, 문법, 어휘의 거의 모든 분야에서 발생할 수 있다.

4.1. 차용의 개념

언어의 차용은 내 언어 체계에 없는 언어를 빌어 와 채우는 것으로, 언어의 3개 요소 음성, 의미, 대상 중 특히 외국어의 음성(소리)을 빌어 사용하는 것을 말할 것이다. 음을 그대로 빌어 와 사용하는[15] 것, 예를 들어 라디오(radio), 셔츠(shirts) 등과 같이 음을 빌어 와 사용하는 것이 전형적인 차용의 예가 될 것이다. 이와 달리 외국어의 개념이나 문물은 받아들이되 외형적인 언어는 그 뜻을 따서 새로운 단어를 만들 때, 예를 들어 Chomsky의 'competence, performance'를 그 의미를 수용하면서 새로운 단어 '언어 능력, 언어 수행'으로 만들어 받아들일 때 이를 차용이라 하기 어렵다. 하늘에서 날아다니면서 운행하는 물체를 받아들이면서 용어를 '비행기, 전투기'라는 새로운 용어로 만들어 사용하는 것도 차용이라 하기 어렵다. 요컨대 '차용'이란 언어 형식에 초점이 맞춰진 개념이다.

---

[15] 당연히 음운체계가 다를 경우 체계의 영향을 받게 된다.

〈혼용〉

이미 동일한 개념을 지칭하는 개념이 있는데 동일한 개념의 외국어를 가져와 혼용하는 경우가 있을 것이다. 우리나라에서 옛날에 '뫼, 가람' 등의 단어가 있는데 중국의 '산(山), 강(江)' 등의 한자어와 같이 사용하는 경우이다. 이때는 고유어와 차용어가 혼용되고 있다고 할 수 있다.

〈외국 문자의 사용〉

차용한 단어의 표기를 자국 문자로 하지 않고 외국 문자로 표기하는 것은 차용이 아니고 외국어 사용이 될 것이다. 예를 들어 'radio'에서 발표하기를, 'shirts'를 입고 등의 표기는 외국어를 사용하는 것이다. 다시 말해 '라디오, 셔츠' 등은 외래어이고, 'radio, shirts' 등은 외국어이다.

〈외국어 이름 달기〉

방송 프로그램이나 새로운 영화를 제작한 후 그 이름을 외국어를 달 경우(표기 문자와는 상관없이) 예를 들어 '뉴스 인사이드' 같은 프로그램의 이름이나, '백 투 더 퓨처' 같은 '영화 제목'이 있다면 이는 차용이 아니라 '외국어 이름 달기'가 될 것이다.

4.2. 차용의 확대

차용은 차용하는 언어의 음운, 문법, 표현 등의 기본적인 체계와 원칙을 지키는 것이 일반적이다. 그런데 차용은 언어의 기본 구조를[16] 제외한 모

---

[16] 여기서의 기본 구조란 문장 성분의 기본 순서 '주어, 목적어, 서술어'의 기본적인 순서와 '수식어, 피수식어'의 순서 내지는 구조를 말한다.

든 영역으로 확대될 수 있다. 그중에서도 가장 일반적으로 발생하는 것은 어휘 분야에서의 차용일 것이다. 한 언어는 다른 언어의 어휘 차용으로 어휘의 숫자를 증가시키고 문화와 문물을 풍부하게 한다. 우리나라는 문화적인 수준이 높았던 중국과의 접촉으로 한자와 한자어를 받아들여 문화적인 수준을 높이고 문자 생활을 영위했다. 50%가 넘는 한자어는 이를 그대로 반영하는 것이다.

어휘의 차용 과정에서 차용어의 음운 규칙 내지는 음운 결합에 예외가 발생하게 하기도 한다. 'ㄹ'이 어두에 오지 않는 구개음화 규칙이 있는 한국어에 '라디오'라는 외래어 차용어가 발생하여 구개음화 현상에 예외가 발생하기도 하고, 구개음과 [j]가 선행하는 이중 모음이 결합하지 않는 음소 연결상의 제약이 있었는데 '쥬스'와 같은 차용어가 사용되어 음소 연결 제약에 예외가 발생하기도 하는 것이다.

단어의 구성에서도 예외가 발생하게 된다. 문장의 구조와 다른 단어를 생성시키기도 하는 것이다. 우리말은 '주어+목적어+서술어' 구조이고 중국어는 '주어+서술어+목적어' 구조이다. 다시 말해 '목적어'와 '서술어'의 순서가 다른데 중국어의 영향으로 중국어식 순서로 된 '대미, 수출, 방북, 방미, 승차, 하차, 애국, 애족 등의 단어가 만들어진 것은 중국어의 영향 때문에 생긴 차용의 한 예가 될 것이다. 단어 구조의 순서가 차용된 것이라고 볼 수 있을 것이다.

문체의 형식을 차용하여 문체를 다양하게 하기도 한다. 예를 들어 '아무리 강조해도 지나치지 않다.'라는 형식의 문체는 영어의 표현 방식을 번역하면서 우리말에 없던 문체를 발생하게 한 것이다.

차용은 기본적으로 차용하는 언어의 기본적인 원리와 규칙을 지키지만, 새로운 그 무엇을 만들어 내기도 하는 것이다.

제5절 결론에 대신하여

　세상에 시간의 흐름에 관계없이 변화하지 않는 것이 없듯이, 언어 역시 시간의 흐름에 따라 변화해 간다. 언어의 변화는 언어의 모든 영역 혹은 체계 전반에서 시대의 흐름과 함께 때로는 완만하게, 때로는 급하게, 표면형과 기저형이 서로 작용하면서, 한 언어의 내부적인 요인에 의해 혹은 다른 언어와의 접촉에 의해 변화하게 마련이다. 한 언어 체계의 내부적인 변화는 음운 변화, 문법 변화, 의미 변화로 나누어 볼 수 있다. 어떤 변화이건 변화의 기본적인 유형은 생성과 소멸이다. 생성과 소멸의 중간 과정에 나타날 수 있는 존재 영역의 변화 혹은 적용 영역의 변화이다. 이 과정에 나타날 수 있는 변화의 기본적인 유형 중 하나가 별개로 존재하던 두 존재가 하나가 되는 합류와 하나로 존재하던 것이 둘로 나누어지는 분할이다.
　이 모든 과정에 나타나는 변화는 규칙적인 변화일 수도 있고, 규칙으로 설명할 수 없는 변화 즉 다른 요소에 존재 혹은 변화의 양상에 이끌려 일어나는 변화일 수도 있다. (이를 흔히들 유추라고 한다.)
　언어를 연구한다는 것이 인간을 이해하기 위한 것일진대, 언어의 변화를 연구한다는 것도 궁극적으로는 인간의 변화를 이해하기 위한 것이다. 존재하지 않던 것이 생겨 그 활동 영역을 때로는 넓히기도 하고 좁히기도 하면서, 인근에 존재하는 것과 닮아졌다가 또 달라졌다가 하면서, 자기와 다른 것에 합쳐졌다가 나누어졌다가 하면서, 스스로를 쪼개기도 하는 이 모든 과정은 한 인간이나 인간의 집단에서 두루 볼 수 있는 상황이다. 이러한 모습들을 언어는 좀 더 적나라하게 전형적으로 보여 줄 따름이다. 그런데 언어의 변화 과정에서는 변화의 한계와 제약이 있고, 한계와 제약 속에서 변화하면서도 규칙성을 가지고 있다. 인간의 변화도 그러할까. 인간을 이해하기 위해 언어를 배우는 것일까. 아니면 언어의 변화를 통해 인간의 삶을 배워야 하는 것일까.

언어 변화의 유형에서 논의한 내용은 다음과 같다. 우선 제1절 통시적 시각의 변화에서는 역사비교언어학, 구조언어학, 생성언어학에 대해 개관하였다. 그리고 언어의 변화를 내부 요인에 의한 변화와 외부 요인에 의한 변화로 구분하고, 전자에 대해서는 음운의 변화, 문법의 변화, 어휘의 변화, 의미 영역의 변화, 귀납 추론과 연역 추론, 유추 등으로 나누어 서명하였다. 그리고 외부 요인에 의한 변화로 차용에 대해 간단하게 설명하였다.

'연구 방법과 변화의 유형'에 포함되는 내용인데도 미처 정리하지 못한 것, 그리고 이와 인접한 내용인데도 손대지 못한 것들을 앞으로의 과제로 삼는다. 그리고 그러한 작업을 하면서 위의 질문에 좀 근사한 답을 내릴 수 있게 되기를 바라면서 맺는다.

*** 더 깊은 공부를 위하여 ***

역사언어학에 관한 개괄적인 지식은 김방한(1988), 안틸라(R. Anttila, 1972 ; 박기덕·남성우 역, 1996)에서 구할 수 있다. 전자는 역사비교언어학과 구조주의언어학에, 후자는 생성언어학에 비중이 실려 있다. 안틸라(1972)와는 조금 다른 시각에서 쓴 것으로, 역사비교언어학, 구조언어학, 생성언어학에서의 통시론에 관한 개괄적인 지식은 바이논(T. Bynon, 1977)에서 구할 수 있다. 국어사에 관한 전반적인 지식과 앞으로 해야 할 방향은 이기문(1972)에서 총괄적으로 암시받을 수 있다.

문헌 자료의 검토는 홍윤표(1994)의 제4장 「문헌자료 연구 방법」에 비교적 상세히 논의하고 있고, 문헌 자료의 혼기를 어떻게 받아 해석해야 하는가 하는 문제에 대해서는 박창원(1992)에서 조금 논의하고 있다. 차자 표기의 해독 방법은 남풍현(1981)의 앞부분을 참고할 수 있으며 차자 자료와 중국음의 대응 관계로 고대 국어를 재구하기 위한 방법은 박창원(1995)에서 논의하고 있다.

방언 비교를 통한 재구와 지리적 확산에 대해서는 이승재(1983)를 참고할 수 있다. 방언 자료로 내재된 규칙을 재구하고 방언에 따라 적용된 규칙의 상대적 순서가 다르다는 증명한 논의는 이병근(1976)이다. 이 글은 이 방면에서 거의 유일한 것이다.

음 변화의 유형은 어떤 개론서에서도 비슷한 논의를 볼 수 있다. 음 변화의 어휘적 확산 내지는 형태론적 범주의 확산에 대해서는 김완진(1974)에서 세밀한 논의를 볼 수 있다.

음운화·재음운화·비음운화에 대한 기본적인 개념은 야콥슨(R. Jakobson, 1931/1949/1972)에 설명되어 있다. 이덕호 역(1977)에 야콥슨(1949)의 것이 우리말로 번역되어 실려 있다. 분기와 합류에 대해서는 회니그쇨드(H. M. Hoenigswald, 1960)가 고전적이고, 이에 대한 약간의 비판과 수정을 한 국내 논문으로는 박창원(1986)이 있다.

규칙의 변화에 대한 일반론으로는 킹(R. D. King, 1969)이 고전적이다. 국내 논문으로는 박창원(1990)이 있다. 후자는 킹(1969)의 시각과 논의 과정에 대해 약간의 비판과 수정을 가하고, 규칙의 변화에서 쟁점이 되어 왔던 몇 주제를 정리한 것이다. 음운 규칙의 통시적 변화를 국어로써 구체적으로 논의한 업적은 찾아보기 어렵다.

문법의 변화와 어휘의 변화는 이 책의 뒷부분을 참고하기 바란다.

참고 문헌

곽충구(1985), 「'쎄-'(貫)의 통시적 변화와 방언 분화」, 『국어학』(국어학회) 14.
김방한(1988), 『역사비교언어학』, 민음사.
김완진(1972), 「다시 β, w를 찾아서」, 『어학 연구』(서울대 어학연구소) 8-1.
김완진(1974), 「음운 변화와 음소의 분포—'ㅸ'의 경우—」, 『진단학보』(진단학회) 38.
남풍현(1981), 『차자표기법 연구』, 단국대출판부.
문양수(1974), 「역사언어학」, 『어학연구』(서울대 어학연구소) 10-2.
박병채(1990), 『고대 국어의 음운 비교 연구』, 고려대학교출판부.
박창원(1986), 「음운 교체와 재어휘화」, 『어문논집』(경남대학교 사범대학 국어교육과) 2.
박창원(1990), 「음운 규칙의 통시적 변화」, 『강신항선생 회갑기념 국어학논문집』, 태학사.
박창원(1992), 「경남 방언의 모음 변화와 상대적 연대순—필사본 '수겡옥낭좌전'을 중심으로」, 『가라문화』(경남대학교 가라문화연구소) 9.
박창원(1995), 「고대 국어(음운) 연구 방법론 서설」, 『국어사와 차자 표기』(소곡 남풍현 선생 회갑 기념 논총), 태학사.
송 민(1986), 『전기 근대 국어 음운론 연구』, 탑출판사.
심재기(1982), 『국어 어휘론』, 집문당
안병희(1976), 「훈민정음의 이본」, 『진단학보』(진단학회) 42.
이기문(1963), 『국어 표기법의 역사적 연구』, 한국 연구원.
이기문(1972), 『개정 국어사 개설』, 민중서관.
이기문(1991), 『국어 어휘사 연구』, 동아출판사.
이병근(1976), 「파생어 형성과 i 역행 동화 규칙들」, 『진단학보』(진단학회) 42.
이병근(1979), 「한국 방언 연구의 흐름과 반성」, 『방언』(한국정신문화연구원) 1.
이병선(1982), 『한국 고대 국명 지명 연구』, 형설출판사.
이숭녕(1955), 「신라 시대의 표기법 체계에 관한 시론」, 『서울대 논문집 인문사회과학』 2.

이승재(1983), 「재구와 방언 분화─어중 'ㅅ-ㅿ-'류 단어를 중심으로」, 『국어학』(국어학회) 12.

전광현(1971), 「18세기 후기 국어의 일 고찰」, 『논문집』(전북대) 13.

정연찬(1981), 「근대 국어 음운론의 몇 가지 문제」, 『동양학』(단국대 동양학연구소) 11.

최명옥(1978), 「동남 방언의 세 음소」, 『국어학』(국어학회) 7.

홍윤표(1986), 「근대 국어의 표기법 연구」, 『민족 문화 연구』(고려대 민족문화연구소) 19.

홍윤표(1994), 『근대 국어의 연구』, 태학사.

Anttila, R., *An Introduction to Historical and Comparative Linguistics*, Macmillan Publishing Co., Inc. 박기덕·남성우 옮김(1995), 『역사비교언어학 개론』, 민음사, 1972.

Bynon, T., *Historical Linguistics*, Cambridge Univ. Press, 1977.

Hock, H. H., *Principles of Historical Linguistics*, Mouton de Gruyter, 1986.

Hoenigswald, H. M., *Language Change and Linguistic Recon-struction*, The Univ. of Chicago Press, 1960.

Jakobson, R., *Principles of Historical Phonology*, 이덕호 역(1977), 『음운론』, 범한서적, 1931/1949/1972.

Jeffer, R. J. & Ilse Lehiste, *Principles and Methods for Historical Linguistics*, The MIT Press, 1979.

King, R. D., *Historical Linguistics and Generative Grammar*, Englewood Cliffs, N. J.: Prenntice-Hall, 1969.

제3장

연구 방법

여는 글

제1절 자료와 검토
1.1. 공시적인 편견 | 1.2. 문자와 언어의 대응 | 1.3. 문헌의 특수성 | 1.4. 문헌 비판

제2절 재구 (1) - 일반
2.1. 재구 방법이란? | 2.2. 재구의 대상 | 2.3. 재구의 전제 | 2.4. 재구의 절차 | 2.5. 재구의 한계

제3절 재구 (2) - 차자 자료
3.1. 차자 자료의 종류와 성격 | 3.2. 한국 표기와 중국 표기의 차이/한자음의 성립 |
3.3. 중국 측의 기록 | 3.4. 계련법과 중국 음의 추정 | 3.5. 대응 관계의 유형

제4절 상대적 연대순
4.1. 일반 | 4.2. 방언 간 차이의 이해 | 4.3. 과거의 재구

제5절 타당성 검증
5.1. 보편적 체계성과 특수한 예외성 | 5.2. 통시적인 타당성과 연속성 | 5.3. 음성적 현실성(변별성)

제6절 결론에 대신하여

참고 문헌

여는 글[1]

　국어사의 연구 방법은 무엇인가? 국어사는 어떻게 연구해야 하는가? 하나의 학문 분야를 다루기 위해 우선 제기되는 이 질문에 가장 솔직하고 정확하면서 동시에 가장 평범하면서 피상적인 답은 국어사의 연구 방법은 다른 역사적인 문제를 다루는 학문 분야와 공통적인 보편성을 가지기도 할 것이고, 동시에 국어사만의 독특한 특수성을 가지기도 한다는 것이다. 그러면 국어사 연구의 구체적인 연구 방법은 간략하게 어떻게 정리할 수 있을 것인가?

　국어사 연구의 출발점은 국어의 과거 역사를 보여 주는 자료의 확보와 검토에서 시작될 것이다. 국어의 과거 모습을 보여 주는 구체적인 자료를 바탕으로, 일반적인 이론과 개인적의 창의적인 방법에 입각하여 과거의 역사—존재의 확인과 변화의 흐름을 재구하고, 미래의 변화 방향을 암시적으로 제시하게 될 것이다. 특히 개인의 창의적인 연구 방법의 개발과 시각으로 기존의 결론과 다른 새로운 결론을 도출할 수도 있을 것이다. 도출한 결론은 연구 방법을 포함하여 그 결론이 역사적인 흐름의 타당성을 가지고 있는지에 대한 타당성 검증을 하게 될 것이다. 이에 더하여 역사적인 변화라는 결과를 도출하기 위해 증거로써 활용한 자료에 대해서는 자료의 합당성 내지는 순수성에 대한 검증도 이루어지게 될 것이다.

　결론적으로 정리하면 남아 있는 문헌 자료 내지는 활용할 수 있는 구체적인 자료의 확보와 검증 작업, 일반적이고 보편적인 이론의 적용과 독창

---

[1] 제3장의 내용은 저자가 이미 썼던 내용들과 중복된다. 특히 졸저(2002)의 내용과 많이 중복된다. 독자의 양해를 구한다.

적으로 개발된 이론의 적용, 가장 가능성이 높은 결론의 도출과 그 결과의 타당성 검증이 구체적인 연구 방법의 과정이 될 것이다.

제1절 자료와 검토

국어사를 기술하기 위한 자료는 문자로 쓰인 문어 자료와 입에서 말하는 구어 자료로 구분된다. 역사를 기술하기 위해서는 일차적으로 문헌 자료의 실증적 증거에 의존하게 된다. 문어 자료는 고대에 한자로 쓰인 자료와 한자의 약체자로 쓰인 자료 그리고 훈민정음을 창제한 후에 쓰인 한글 자료가 있다. (이에 대한 상세한 내용은 이 책의 자료 부분을 참고하기 바란다.) 이 외에 외국에서 쓰인 자료로 국어의 모습을 단편적이나마 보여 주는 것이 있다.

그런데 문어가 구어의 모습을 그대로 보여 주는 것이라고 장담할 수 있는 것은 아니고, 문헌이 특정한 시대를 그대로 반영하고 있다고 장담할 수 있는 것도 아니다. 그래서 문헌 자료의 성격을 고찰하는 작업을 하게 된다.

또한, 인간의 언어가 모두 문헌으로 기록되어 후세에 전달되는 것이 아니기 때문에 그리고 문자의 역사는 언어의 역사에 비해 아주 짧기 때문에 문헌 자료에 나타나는 것만으로 과거의 역사를 서술하는 것은 매우 제한될 수밖에 없다. 따라서 문헌 자료의 이러한 한계를 극복하기 위하여 방언 자료를 이용한다. 방언 자료는 살아 있는 국어사의 자료라 할 수 있다. 이전의 형태가 그대로 화석으로 남아 국어사의 자료가 될 수도 있고, 언어의 공간적인 분포를 역사적으로 재해석함으로써 변화의 진원지를 파악하고 변화의 과정을 추정할 수도 있다. 그러므로 구어 자료에 반영되고 있는 과거의 누적된 변화 과정을 밝히는 것이 국어사 연구의 한 축이라고 할 수 있는데 일차적으로 연구의 목적에 따라 그 변화의 과정이 누적되어 있는 자료를 모집해야 한다. 예를 들어 어중 '*ㅈㄱ'을 재구하고, 방언에 따른 변화의 과정을 추적하기 위해서는 현대 국어의 각 방언에서 'ㅊ'과 'ㄲ'이 대응하고, 15세기 국어에 'ㅅ'이나 'ㅿ'으로 나타나는 것들을 종합적으로 수집

하여야 한다. 이러한 문제와 관련된 약간의 논의는 뒤에서 한다.

과거에 존재했던 언어의 존재를 확인하기 위해서는 우선 언어를 문자로 기록한 자료 즉 문헌 자료에 나타나는 문자로써 당시의 언어 상황을 파악하게 되는데, 이러한 작업을 할 때는 몇 가지 유의할 사항이 있다.

1.1. 공시적인 편견

문헌 자료에 나타난 문자의 음가를 추정할 때는 공시적인 편견으로 역사적인 사실을 무시해서는 안 된다. 현대적인 편견으로 과거를 보지 말아야 하고, 또한 과거의 어느 시점에 의한 편견으로 그 이전의 과거를 보지 말아야 한다. 예를 들어 'ㅔ, ㅐ' 등이 현대 국어에서 단모음으로 조음되고, 'ㅚ, ㅟ' 등이 현대 국어에서 단모음 내지는 이중 모음으로 조음되고 있다고 해서, 이들의 음가가 과거에도 그러했으리라는 추정을 함부로 해서는 안 되는 것이다.

이와 관련하여, 동일한 문자가 시대에 따라 다른 음가를 가질 수도 있고, 동일한 음가가 시대에 따라 다른 문자로 표기될 수도 있으므로, 한 시대에 사용된 문자의 음가는 그 시대의 음운 현상·음운 체계와 관련하여 추정하여야 한다. 예를 들어 종성에 표기된 'ㅅ'은 현대 국어에서의 음가와 15세기 국어에서의 음가가 다를 수 있고, 국어사에서 된소리의 표기를 위해 'ㅅ'계 합용 병서를 사용한 적(예를 들어 근대 국어에서의 된소리 표기)도 있고, 각자 병서를 사용하여 표기한 적(예를 들어 현대 국어에서의 된소리 표기)도 있는 것이다.

[문자의 보수성]

언어와 문자는 상호 의존적이면서도 독자적인 영역을 가지고 있기 때문에 그것의 변화에도 순서가 있어서 변화 속도가 차이 날 수밖에 없다는 것을 항상 명심해야 할 것이다. 문자는 발생론적으로 볼 때 언어의 제약— 시간과 공간적인 제약을 극복하기 위해 만들어진 것이므로 변화의 순서에 있어서 언어가 문자보다 항상 앞선다는 사실을 주목해야 한다. 예를 들어, 'ㆍ'는 서력 기원 20세기 초반까지 사용되는데 이것이 그때까지 실질적으로 변별적인 음가를 가지고 있었는가 하는 문제는 당시의 표기를 면밀히 검토하여 결정하여야 할 것이다. 문자는 언어를 표기하기 위한 성격을 가지고 있지만, 이미 사용된 문자는 음가의 변화에 완전히 종속되는 것이 아니고, 또한 문자를 통해서 문자를 배우기 때문에 음가는 변화하더라도 문자는 계속해서 사용될 수도 있으므로 문자의 보수성에 유의해야 하는 것이다.

1.2. 문자와 언어의 대응

위의 문제와 관련된 것으로 문자와 언어의 상관관계에 대해 유의하여야 한다. 하나의 언어 단위(예를 들어, 단어나 음절, 음소 등)의 표기가 여러 가지 문자로 나타날 때 이것이 동일한 음가의 다른 표기인지 혹은 다른 음가의 반영인지를 검토하여야 한다. 예를 들어 '디빅(월석, 10:20)'가 변화하여 '디위(법화, 2:26), 디외(초두해, 7:10), 디웨(초두해, 22:22)' 등으로 나타날 경우 'ㅸ'가 변화할 가능성이 그렇게 다양한가 하는 문제가 제기될 수 있을 것이다. 그리고 다른 음가의 반영일 경우 그것이 공시적인 변화인지 통시적인 변화를 암시하고 있는지가 판별되어야 한다. 예를 들어 15세기 문헌에 '隙'을 뜻하는 어휘가 '숨(법화, 2:15)'과 '뜸(법화, 2:123)'으로 공존할 때 이것이 의미하는 바가 무엇인가 하는 문제는 합용 병서 혹은 자음군의 음가 변화와 관련하여 논의되어야 할 것이다. 또한 차자 표기로 된 문헌일 경우 그 차자가 지칭하는 음가의 통시적인 변화와 관련하여 공시적인 음가가 논의되어야 할 것이다. 예를 들어 15세기 국어의 'ㅿ'이 소급하는 음소가 무엇인가 혹은 고대 국어에 'ㅿ'이 존재했는가 하는 문제를 검토하기 위해, 15세기에 'ㅿ'으로 표기된 음소가 고대 국어에서 '日母'자가 차자되어 사용되었는지를 점검해 보는 것은 중국 음에서 '日母'의 음가가 변화하였다는 것을 간과한 논의가 되는 것이다.

1.3. 문헌의 특수성

문헌 자료의 개별적인 특수성을 고려해야 한다. 문헌 자료의 저자가 누구이고, 출판지는 어디인가 그리고 판본은 어떠하고, 당시의 표기법 내지는 표기 경향이 어떠한가 하는 등등의 문제가 검토되어야 할 것이다. 예를 들어 훈민정음 창제 이전에 한자로 기록된 문헌을 대할 때는 그 문헌의 저자가 중국인인지 한국인인지에 따라 접근하는 방식이 달라질 것이다. 훈민정음 창제 이후의 한글 문헌을 검토할 때는 저자의 나이나 출신지와 같은 신분 사항, 문헌의 출판지, 판본, 표기 경향 등등이 검토되어야 할 것이다. 예를 들어 1450년대와 1460년대에 나오는 문헌에는 표기상의 여러 차이가 나타나는데 이것이 몇 년 사이의 언어 변화를 의미하는지, 세조의 안정적 기반 위에 간행자의 세대교체가 이루어진 것인지, 표기의 혁신을 가한 것인지 하는 문제를 검토해야 할 것이다. 그리고 하나의 문헌에 대해 여러 가지의 판본이 있을 경우 원본과 중간본 혹은 이본 간의 차이가 지역차와 세대 차를 얼마나 반영하고 있는지 하는 문제가 검토되어야 할 것이다. 한 예를 더 들면, 근대 국어의 문헌 자료에 나타나는 '꼿츨(박신해, 1:7), 밧탕(고시조, 윤선도), 밧샌(두요, 하:32)' 등의 표기를 대할 때는 당시의 표기 관습과 관련하여 언어 현상의 추정이 이루어져야 할 것이다.

1.4. 문헌 비판

위와 관련된 것으로 자료에 대한 비판이 있어야 한다. 모든 역사적 자료가 한결같이 진실을 감추지 않고 과거의 사실을 정확하게 보여 주는 것은 아닐 것이다. 때로는 기록자의 무의식적인 착오로 혹은 고의로 조작된 변개로 혹은 전승 과정에서의 와전으로 과거의 사실을 왜곡하는 자료도 있을 것이다. 그러므로 기록자의 성실성이나 이해관계 혹은 전승 과정에서의 와전 가능성 등을 고려하여 자료로서의 신빙성을 검토하는 자료 비판은 역사적 연구에서 엄격히 그리고 정밀하게 수행되어야 할 것이다. 예를 들어 고대 국어의 자료로 처리되고 있는 고려 시대에 저술된 『삼국유사』에 실려 있는 신라 향가의 경우 고려 시대에 변개된 것은 없는가, 잘못 복원된 것은 없는가 하는 문제 등이 심도 있게 검토되어야 할 것이다.

이러한 유의점을 고려하여, 문헌에 나타나는 표기가 당시의 실질적인 언어 모습을 어떻게 반영하고 있는가 혹은 당시의 언어 체계가 어떠했는가 하는 문제를 밝히게 된다. 그리고 문헌 자료의 한계를 극복하기 위해 방언 자료도 활용하고, 더 넓게는 한 어족에 속하는 다른 언어와 비교하기도 한다. 이렇게 문헌 자료나 방언 자료 혹은 같은 어족에 속하는 다른 언어와 비교하여 확인되지 않는 과거의 모습을 재생해 내는 작업을 '재구'라고 한다.

제2절 재구 (1)—일반

언어의 역사적 변화에 대한 연구는 시간의 흐름이라는 기준점에서 볼 때 전혀 상반된 두 가지 방향으로 작업이 이루어진다. 하나는 시간의 흐름을 거슬러 올라가는 작업(재구)이고, 하나는 시간의 흐름에 따라 변화하는 과정을 추정하는 작업이다. 상반되면서도 상보적인 두 작업을 하기 위해서 우선 일차적으로 해야 하는 일은 과거의 어느 시점에 존재했던 음운을 확인하고, 그 목록을 작성하는 일부터 하여야 한다.

2.1. 재구 방법이란?

과거나 현재에 어느 시점에 존재했거나 존재하고 있는 것을 근거로, 그 이전의 형태를 추정해 내는 과정을 재구라고 한다. 재구는 고려의 대상이 되는 어휘 내지는 언어의 영역에 따라 흔히 내적 재구(inner reconstruction)와 비교 방법(comparative method: 이를 앞으로는 비교 재구라 칭하기로 한다.)으로 나눈다. 내적 재구는 한 언어 내에 존재하는 공시적인 예외로써 과거의 모습을 재생하는 것이고, 비교 재구는 다른 언어를 비교하여 공통어의 과거 모습을 재생하는 것이다.

존재하는 모든 자료는 국어사에 있어서 근본적으로 등치적인 효력을 가지는 것이지만 국어사의 변화를 재구하는 관점에서 보면 모든 자료가 동등한 이용 가치를 가지는 것은 아니다. 국어사를 재구하기 위해 유용한 자료는 내적 재구의 경우 한 언어의 공시적인 체계에서 불규칙성(Synchronic irregularity within individual language)을 가지고 있는 것이고, 비교 재구의 경우 같은 어족에 속하는 두 개 이상의 언어에 존재하는 유사성(The nature of the resemblance existing between related languages)을 가지고 있는 것이다.

2.2. 재구의 대상

한 언어의 과거의 모습을 재구하고자 하면 언어학의 모든 분야가 재구의 대상이 될 것이다. 그런데 언어 변화의 주체를 무엇으로 보는가 하는 시각에 따라 직접적으로 하는 재구의 대상이 달라질 수 있을 것이다. 즉 언어의 변화를 음소의 변화로 볼 경우에는 음소의 재구에 만족할 것이고, 변화의 주체를 체계의 변화로 볼 경우 체계의 재구에 주력할 것이다. 그리고 언어의 체계는 규칙으로 이루어져 있다고 생각할 경우 규칙의 변화를 재구하고자 할 것이다.

이와 달리 이를 단계적으로 보면, 즉 음소를 재구한 후에 체계를 재구하고 궁극적으로 규칙의 변화를 추정해야 한다고 생각하면, 이들 모두가 재구의 대상이 될 것이고, 음소를 재구한 후 체계의 재구 및 변화를 추정하고, 더 나아가 규칙의 변화 내지는 지역 간에 적용된 규칙의 차이에 대한 논의로 확대될 것이다.

2.3. 재구의 전제

현재를 바탕으로 과거를 재구하거나, 과거를 바탕으로 더 이전의 과거를 재구하는 데는 전제되어야 할 것이 있다.

첫째, 비교의 대상이 되는 둘 혹은 그 이상의 어휘가 그 언어의 고유어로서 동일한 기원에서 변화한 것이어야 하고, 역시 비교 대상이 되는 언어가 동일한 계통에 속하는 것이다.

　둘째, 언어의 변화는 규칙적이다(Sound laws operate without exception).

　셋째, 언어의 공시적인 교체형은 기원적인 것이 아니고, 통시적인 변화의 산물이다(Alternations in a language were at some previous stage not present, and the current situation is due to specific changes). 이에 대해 약간을 부연하면 다음과 같다.

　한국어에 존재하는 '도치, 도끼' 등으로 이전의 형태를 재구하기 위해서는 이들이 한국어의 고유어로서 하나의 형태에서 변화한 것이 전제되어야 하고, 각각 다른 규칙의 적용을 받았지만 변화의 가능성이 있는 규칙의 적용을 달리 받았기 때문이라는 것이 전제되어야 한다. 만약 이들이 단일한 형에서 변화한 것이 아니거나 'ㄲ'이 'ㅊ'으로 혹은 'ㅊ'이 'ㄲ'으로 마음대로 변화할 수 있다면 과거의 모습을 재생하는 것은 불가능하다. 반면에 한국어에 존재하는 '볕, 빛(〉빛)'의 비교로써 과거의 형태를 재생하는 것은 불가능하다. 이것은 하나의 기원에서 유래했다고 볼 수 없기 때문이다. 범위를 확대하여, 한국어와 일본어를 비교하기 위해서 한국과 일본에 공통적으로 존재하고 있는 한자어를 비교한다는 것은 한자어가 고유어가 아니라는 점에서 문제가 제기된다. 그리고 한국어와 영어에 존재하는 우연적인 유사 어휘 예를 들어 '[마니](많이) : [매니](many)' 등과 같은 것을 비교한다는 것은 이들이 하나의 어족에 속하지 않기 때문에 공통 조어의 재구에 아무런 의미를 가지지 못한다. 마지막으로, 15세기 국어에서 'ㅅ, ㅈ'이 교체되는 현상이 있는데[예: 곳도(석상, 11:2), 고지라(석상, 13:12)], 이러한 교체 현상이 국어에 기원적인 것이라면 과거에 대한 아무런 정보가 되지 못한다. 음절 말이라는 특수한 환경에서 통시적으로 변화한 결과라는 인식을 할 때 과거의 모습이 재구될 수 있는 것이다.

2.4. 재구의 절차

내적 재구의 실제적인 작업 단계는 다음과 같이 설명될 수 있다. 첫째, 다른 언어나 외부적인 요소는 고려하지 않고 둘째, 특정 언어의 공시적인 불규칙적인 요소만을 고려하여 셋째, 변화의 유형과 가능성을 고려하여 이전의 모습을 추정하는 것이다. 이러한 방법으로 현재의 공시적으로 6모음 체계가 사용되고 있는 동남 방언의 경우 '게비(겁+이), 급도(겁+도)'와 '끌코(끓+고), 끼리고(끓+이+고)'로써 동남 방언의 과거 어느 시기에 'ㅡ'와 'ㅓ'가 구분되었다는 것을 알 수 있다. 또한 현대 국어 중부 방언의 용언 어간에 존재하고 있는 규칙 활용과 불규칙 활용, 예컨대 '묻고, 묻어(埋)'와 '듣고, 들어서(聞)'의 예나 '잡고, 잡아(捕)'와 '덥고, 더워(署)'의 예로써 과거에는 'ㄷ, ㅂ'에 두 가지 종류의 자음이 있었다는 것을 추정할 수 있다.

비교 재구의 실제 작업 단계는 다음과 같이 설명될 수 있다. 첫째, 비교하고자 하는 언어의 동일한 기원이나 계통을 확인하고; 둘째, 내적 재구나 그 언어의 통시적인 변화를 고려하여 당해 언어의 가장 오래된 언어 형태를 재구한 다음; 셋째, 대상이 되는 둘 이상의 언어를 서로 비교하여 공통 조어로 추정될 수 있는 이전의 상태를 재구한다.

그런데 재구의 궁극적인 목적이 한 언어의 가장 오래된 모습을 추적하는 것이라면, 재구의 실질적인 작업에서는 내적 재구와 비교 재구가 순차적으로 진행될 수밖에 없는 것이다. 한 언어의 가장 오래된 모습을 재구하기 위해서는 내적 재구를 통해 한 언어의 가장 오래된 상태를 재구하고, 이를 토대로 다른 언어와 비교 재구를 하여 언어의 공통 조어를 밝혀내어야 하기 때문이다.

공통 조어를 추정하기 이전에 한 언어의 오래된 모습을 추정하는 작업에서도 비슷한 과정을 거치게 된다. 즉, 현대 국어의 '도끼, 도깨비' 등이 다른 방언에서는 '도치, 도채비' 등으로도 존재하는데 이것의 기원적인 형태를 추정하기 위해서는 두 방언을 비교해야 한다. 두 방언의 비교로써 합당한 기원형이 추적되지 않을 경우 문헌 자료를 이용한다. 문헌에 남아 있는 가장 오래된 형태는 '돗귀(월석, 1:29), 돗가비(석상, 9:36)' 등인데 이것으로도 합리적인 결론을 추론할 수 없다. 이를 해결하기 위해 이 문헌이 작성될 때의 음절 말 중화 규칙 등을 고려한다. 그리하여 15세기 음절말 'ㅅ'은 'ㅈ, ㅊ, ㅅ, ㅿ' 등이 중화한 결과라는 것을 추론한다. 결론적으로 이 어휘의 기원형은 '*돗귀(긔), *돗가비' 혹은 '*돗긔(귀), *돗가비'라는 것을 추론한다.

'ㅈㄱ' 유형과 'ㅊㄱ' 두 가지 형태 중 어느 것이 가능성이 높을까 하는 문제는 2음절 위치에 있는 'ㄱ'의 변화 가능성에 달려 있는 것이다. '돗긔' 등으로 재구하는 것은 'ㄱ'이 'ㅈ'의 뒤에서 'ㅎ'으로 변화할 가능성을 전제한 것이고, '돗긔' 등으로 재구하는 껏은 'ㅊ' 뒤에서 'ㄱ'이 'ㅎ'으로 변화하거나 탈락하는 것을 전제로 한 것이다. 변화의 가능성은 전자에 치우치게 되는 것은 당연한 것이다.

2.5. 재구의 한계

2.5.1. 비교 재구와 내적 재구

재구란 현재에 존재하고 있거나 혹은 과거의 어느 시점에 존재했던 여러 자료들을 바탕으로 과거의 현상이나 체계를 추정하는 것이다. 이때 유용한 자료는 존재하고 있는 예외 내지는 교체형 등인데, 이들로써 과거의 모습을 추정하는 것이기 때문에 당연히 한계를 가진다. 예를 들어 예외 내지는 교체형이 역사적인 변화의 산물이 아니라 기원적으로 존재했던 것이라면 이를 통해 과거의 모습을 추정한다는 것 자체가 무의미해지는 것이다. 또한 과거에 존재하던 것이 그 흔적을 남기지 않고 다른 것에 완전히 합류해 버렸을 경우 재구는 불가능한 것이다. 이런 문제를 앞으로 어떻게 극복할 것인가 하는 문제는 숙제로 남게 된다.

2.5.2. 언어 간의 접촉/차용

언어는 사용자가 인간이기에 인간의 접촉으로 언어의 차용 등이 생길 수밖에 없다. 두 민족의 접촉으로 한 민족이 지배층이 되고 다른 민족이 피지배층이 된다면, 지배층의 언어는 피지배층의 언어에 차용될 수밖에 없다. 달리 표현하면 피지배층은 지배층의 언어를 수용 내지는 차용하여 새로운 언어가 만들어지게 된다. 이 과정에서 여러 가지 유형의 언어 간 차용 내지는 언어 간 혼합의 모습을 상상할 수 있다.

재구란 기본적으로 하나의 계통 내지는 기원에 속하는 언어들의 기원을 추정하는 작업이기 때문에 차용에 의한 어휘는 재구의 대상이 될 수 없고, 그러한 어휘의 추정 또한 대단한 한계로 작용할 수밖에 없는 것이다. A언어에서 B언어로 차용되거나 이와 반대의 경우도 재구의 한계로 작용할 수밖에 없기 때문에 이들의 선별 작업은 필수적인 작업이다.

2.5.3. 유추와 혼태(뒤섞임), 절대적 합류, 절대적 변화

언어의 변화가 음운론적인 환경에 의해 규칙적으로 변화하였다면 그 규칙을 찾고 소급하여 이전 언어의 형태를 추적할 수 있지만 유추에 의해 변화하였다면 변화의 과정을 추정하기란 거의 불가능해진다. 물론 유추의 과정을 추정할 수도 있겠지만, 유추란 일회적으로 그 어휘에만 작용하는 경우가 많기 때문에 자의적인 해석이 들어갈 가능성이 크다.

두 어휘가 뒤섞여 하나의 어휘가 되었을 경우에도 그 어원을 추적하기 쉽지 않다. 예를 들어 '넓-'은 '너르-'와 '넙-'이 혼태되어 만들어진 단어인데,

이들 어휘가 문헌상으로 확인되기 때문에 변화 과정을 알 수 있는 것이다. 우리 국어에 존재했던 'ㆍ'는 제2음절 이하에서 '으'로 변화하고(예 : 아프다, 아푸다, 아파서), 제1음절 위치에서는 '아'로 변화하고, 방언에 따라 원순모음화 현상이 발생하기도 하고 발생하지 않기도 하는데(예 : 퍁, 폴) 이러한 음소(소리)를 재구의 방식으로 추정하기란 거의 불가능한 것이다.

제3절 재구 (2)—차자 자료

　국어사를 재구하기 위해서 우리가 활용할 수 있는 자료에는 차자 자료가 있다. 이에는 두 가지 종류가 있다. 우리 조상들이 우리말을 표기하기 위해 중국의 한자를 빌어 와 표기한 것이 하나이고, 외국인이 우리말을 표기하기 위하여 자국에서 사용한 문자로 표기한 것이 다른 하나이다. 이 둘은 아주 다른 측면을 가지고 있고, 후자는 엄격한 의미에서 차자 자료라고 할 수 없지만 여기서는 한 자리에서 다루어 보기로 한다.

3.1. 차자 자료의 종류와 성격

　옛날의 문헌 자료는 크게 두 종류로 나누어진다. 하나는 중국어로 표현한 것이고, 다른 하나는 우리말을 중국의 한자를 빌어 표기한 것이다. 과거의 우리말을 재구하기 위해 필요한 자료는 두 번째 유형의 문헌 자료이다. 한자를 빌어 우리말을 표기하는 문헌 등의 자료는 그 표기 방식에 따라 서기체 표기, 이두, 구결, 향찰 등으로 나눌 수 있다.
　서기체 표기란 한자를 그대로 사용하되 그 배열 방식을 우리말 순서대로 한 것이다. 이두는 한문 문법과 국어 문법이 혼합된 것으로 한문의 문장에 국어의 문장을 가미한 것이다. 구결은 한문 문장에 우리말식으로 읽기 위한 토(주로 조사)를 한자의 약체자로 붙여 놓은 것이다. 한편 향찰은 한자를 이용한 전면적인 우리말 표기라고 할 수 있다.
　한자를 이용하여 우리말을 표기하여, 과거 우리말의 흔적을 재구할 수 있는 자료는 이두, 구결, 향찰인 셈이다. 한자를 빌어 우리말을 표기할 경우에는 한자의 소리('음'이라 하자)를 이용하기도 하고 한자의 뜻(이것을 '훈'이라 하자)을 이용하기도 하였다. 그리고 본래의 음이나 뜻을 살리기도 하고(이것을 '독'이라고 하자) 그것을 무시하고 사용하기도(이것을 '차'라고 하자) 하였다. 이를 교차적으로 조합하면 한자를 빌어 우리말을 표기하던 방식은 훈독, 훈차, 음독, 음차 등의 네 가지가 된다.

만약 '차자 표기는 글이 없던 시절 한자를 빌어 표기하던 방식이다.'를 '借字表記隱 文是 無如隱 時節 漢字乙 借於 表記爲如隱 方式是多'로 표기했다면 '借字表記'는 음독, '隱'은 음차, '文'은 훈독, '是'는 훈차, '無'는 훈독, '如'는 훈차, '隱'은 음차, '時節'은 음독, '漢字'는 음독, '乙'은 음차, '借'는 훈독, '於'는 음차, '表記'는 음독, '爲'는 훈독, '如'는 훈차, '隱'는 음차, '方式'은 음독, '是'는 훈차, '多'는 음차 등이 된다.

한자는 고립어인 중국어를 표기하기 위한 문자이고, 우리말은 교착어이기 때문에 어근에 다양한 문법 형태소가 결합하게 된다. 이러한 문법 형태소는 중국어의 표기에서 충분히 그 예를 찾을 수 없기 때문에 다시 말해 단어나 구의 구조를 나타낼 때 중국어는 고립어이고 한국어는 교착어이기 때문에 '고맙다더라'의 경우 '고맙+다+더+라'로 형태소 분석이 되는데, 이를 중국어를 대응하여 표기할 수 있는 것은 '고맙'밖에 없고, 나머지 문법 형태소는 중국어에 없기 때문에 이를 표기할 수 있는 방법을 창안한 것이다. 조금 더 부연하여 설명하면 다음과 같다.

고유한 문자가 없던 시절, 인근 종족의 한자를 빌어 우리말을 표기하기 위해 우리 조상들은 한자의 음이나 훈을 빌리는데[2] 때로는 한자 본래의 뜻이 살아 있을 때도 있었고 그 뜻이 살아 있지 못할 때도 있었다. 이를 각각 음독·음차·훈독·훈차라 한다. 예를 들어[3] '우리나라의 소리'를 표기하기

---

2 한국어의 음절 구조와 꼭 맞는 한자음이 있을 경우에는 그대로 사용했을 것이고, 반면에 꼭 맞는 한자음이 없을 경우도 있었을 것인데 이 경우에는 비슷한 음을 가진 한자음이 차용된다.

위해 '我國之音'이라 표기했다면 이것은 우리말의 뜻과 일치하는 한자의 뜻을 빌어 우리말을 표기한 것이다. '宇理那羅矣蘇理'로 표기했다면 이것은 우리말의 음과 같은 음을 가지고 있는 한자의 음을 빌어 표기한 것이 된다. 전자는 한자 하나하나가 본래의 뜻대로 사용된 것이고, 후자는 한자의 뜻과 무관하게 사용된 것이다. 그리하여 전자를 '훈독'이라 하고, 후자를 '음차'라 한다. 초기의 한자 차용 표기는 아마 이 두 가지가 기본이 되었을 것이다.

'훈독'과 '음차'의 방법으로 표기할 수 없거나, 표기상의 기교를 부리기 위하여, 혹은 발화의 단위인 단어를 의미 단위로 제대로 분석하지 못할 경우(예컨대 형태소를 인식하지 못한 경우) 혹은 또 다른 이유로 인해 '訓借'의 방법이 동원되기도 한다. 예를 들어 '사람이'라는 것을 표기하기 위해 '人是'라고 차자했다면 '是'의 훈으로 주격 조사 '-이'를 표기한 것인데, 이것은 한자의 훈을 빌어 우리말을 표기한 것이 되는 것이다.

중국과의 접촉으로 새로운 문물과 개념이 도입되고, 이와 함께 중국어가 우리말의 일부분으로 사용되게 되면 중국식 어휘가 고유어와 함께 사용될 수 있는데 이러한 상황에서 사용되는 것이 음독이다. '글을 빌어 적어 놓은 것'을 '借字 表記'라고 적고 이를 [차자 표기]라고 읽는 것은 음과 뜻이 다 살아 있는 음독의 방법이다. 음독이란 한자어의 침투를 전제로 하는 것이고, 한자어가 우리말 속에 그 영역을 넓혀 가면서 음독은 확대되어 가게 된다.[4]

---

3 이에 대한 구체적인 설명과 예는 양주동(1965), 남풍현(1981)을 참고할 수 있다. 여기서 다시 부연하는 것은 본고의 논의를 편하게 하기 위한 것이다.
4 현대 한국어에서 사용되고 있는 한자 혼용은 전부 음독의 방법이다.

3.2. 한국 표기와 중국 표기의 차이/한자음의 성립

이미 언급하였듯이 우리 문자가 없던 시절의 문어 자료는 크게 두 가지로 분류될 수 있다. 하나는 외국인이 자국의 문자로 우리말을 표기해 놓은 것이고, 다른 하나는 우리 조상이 한자를 빌어 우리말을 표기한 것이다.

전자는 우리 민족 인근의 종족들이 우리 민족의 언어에 대해 기록해 놓은 것인데 주된 것은 중국인이 기록해 놓은 것이다. 중국 측의 옛 역사서에 단편적이나마 남아 있는 기록들[5] 그리고 12세기 초반기의 언어 모습을 보여 준다고 할 수 있는 계림유사와 14세기 초반기의 언어 모습을 담았다고 할 수 있는 조선관역어가 대표적이다.

후자에는 삼국사기와 삼국유사에 남아 있는 지명·인명·관명 등의 기록이 있고, 삼국유사와 균여전의 향가, 삼국 시대부터 근대 국어 시기까지

---

5 삼국지 위지 동이전에서 고구려에 대해 '言語諸事多與夫餘同(언어와 제반 일이 부여와 동일하다)', 동옥저에 대해 '其言語與句麗大同時時小異[그 언어가 '구려'(이것은 '高句麗'를 지칭하는 것임)'와 크게 같고 때때로 조금 다르다], 예에 대해 '言語法俗大抵與句麗同(언어와 법속이 대체로 '구려'와 같다)'라고 한 것은 부여, 고구려, 동옥저, 예의 언어가 서로 비슷하였음을 보여 주는 기술이다. 그리고 진한에 대해 '言語不與馬韓同(언어가 마한과 같지 아니하다)', 변진[弁辰: 변한과 진한을 합친 용어인 듯한데, 여기서는 변한을 지칭한다]에 대해 '言語法俗相似(언어와 법속이 서로 비슷하다)'라고 한 것은 한반도 남쪽의 언어 상황 내지는 민족의 구성을 언급하고 있는 것이다. 이를 통해 한반도의 남방이나 북방에 살면서 국가를 이루고 있던 종족들이 사용했던 언어들의 친소 관계를 추정할 수 있다.

또한, 삼국지 위지 동이전에 언급된 여러 국가의 이름들 예를 들어 '韓傳'에 나오는 '小石索國, 大石索國, 優休牟涿國, 速盧不斯國' 등 수십 개의 국명이나 '長帥, 臣智, 邑借' 등의 관직명 등은 아직 해독은 못하고 있지만, 삼국 시대 이전의 언어 상황을 추정하는 데 유일한 단서가 될 가능성이 없지 않다.

'梁書 諸夷傳'에서 신라에 대해 '其俗呼城曰健牟羅 其邑內曰喙評在外曰邑勒 亦中國之言郡縣也(중략) 其冠曰遺子禮 襦曰尉解 袴曰柯半 靴曰洗[성을 (신라에서는) '健牟羅'라고 하는데, (성) 내부의 읍을 '喙評'이라 하고 성 밖의 읍을 '邑勒'이라고 한다. 모두 중국의 말로는 군현이다. (중략) 그 '冠'을 '遺子禮'라 하고, '襦'를 '尉解'라 하고, '袴'를 '柯半'라 하고, '靴'를 '洗'라 한다.]의 기술에서도 고대 언어 관계를 추정할 수 있는 어휘를 얻을 수 있다.

사용된 이두 자료, 고려 시대에 집중된 구결 자료 등이 있다.

이러한 자료를 이용하여 우리말의 역사를 재구할 때, 우선 조심해야 할 것은 이들 자료가 보여 주는 언어의 성격이 판이하다는 점이다. 외국인이 우리말을 기록한 것은 한국어의 음성·음운적 단위가 외국어의 음운적 단위로써 표기된 것이고, 우리 조상이 우리말을 기록한 것은 외국어의 음운적 단위가 한국어의 음운적 단위로 표기된 것이다. 문자로 표기하는 것은 기본적으로 음운론적으로 인식되었고 이를 표기에 반영할 수 있기 때문이다. 그러므로 접근 방법은 판이하게 달라진다.

3.3. 중국 측의 기록

중국인이 우리말을 기록한 문헌들은 당시의 우리말에 존재했던 음성·음운의 일부분을 보여 준다. 좀 더 정확하게 표현하면, 우리말의 음성·음운이 중국어의 음운에 어떻게 반영되었는가 하는 것을 보여 준다. 계림유사를 예로 하여 부연하면 다음과 같다. 잘 알다시피 계림유사는 중국인 손목이 당시의 고려어를 송대 음으로 전사한 것이다. '牙音'의 경우, '果, 古, 沽, 光, 居…' 등 50개 남짓한 '見母'가 사용되고 있고, '孔, 苦, 丘 口, 去…' 등 40여 개의 '溪母'가 사용되고 있고, '求, 渠, 權, 具, 巨…' 등 20항 정도의 '羣母'가 사용되고 있다. 그리고 '疑母'는 '牛, 魚, 愚, 研, 宜…' 등 30개 가까운 한자가 사용되고 있다.[6] 이 사실은 당시의 고려어에 중국어의 음운 체계에 대응될 수 있는 적어도 4개의 '牙音' 계열의 음성 내지는 음운이 존재했다는 것을 의미한다. 그렇다고 하여 당시의 고려어의 음운 체계에 중국어와 동일한 4개의 변별적 음운이 존재했다고는 단정 지을 수는 없다. 이들이 결

---

6 이 숫자는 강신항(1980/1991, p.13)에서 나온 것이다.

합적 변이음의 관계에 있었던 것인지, 자유 변이음의 관계에 있었던 것인지 혹은 음운론적 대립 관계를 유지했었는지에 대해서는 당시의 문헌에서 이들이 어떠한 분포 관계를 보이는지 혹은 후대에 이들의 대응음 내지는 변화음이 무엇인지 등 판단의 기준을 달리 세워야 한다.

반면에 한국어에 차용된 한자음들은 한국어 음운 체계의 지배를 받게 된다. 중국어의 '見母, 溪母, 羣母, 疑母'에 해당되는 한자들이 우리말에 차용되어 사용되는 것은 한국어에 이들이 음성이나 음운이 존재했다는 것에 대한 아무런 정보가 되지 못한다. 이들이 15세기에 어떤 음으로 나타난다든가, 한국 한자음이 무엇인가 하는 것은 음가 추정에 대한 참고 사항이지 정확한 정보를 주는 것은 아니다. 당시의 체계가 변화 없이 후대에 전달되었으리라고 추정하는 것은 어떤 경우에도 받아들일 수 없는 것이기 때문이다. 오로지 당시 우리말의 음운 체계를 재구함으로써 이들이 차용될 당시에는 어떤 음으로 조음되었을까 짐작할 수 있을 뿐이다.

훈민정음 창제 이전의 표기 중, 당시의 언어 상황을 파악하는 데 도움이 될 수 있는 것은 일차적으로 음차자들이다. 음차자들 중 말음 첨기로 사용된 것이거나, 후대의 문법 형태소와 그 연결 관계를 분명하게 밝힐 수 있는 것들은 당시의 언어를 재구하는 데 도움이 된다. 예를 들어, '於內秋察早隱風未(祭亡妹歌), 惡寸習落臥乎隱三業(懺悔業障歌)'의 '秋察, 惡寸' 등은 15세기의 'ᄀᆞᅀᆞᆯ, 멎은(궂은)'에 대응되고(末音添記), '執音乎手母牛放敎遣(獻花歌), 放冬矣用屋尸慈悲也根古(禱千手觀音歌)'의 '遣, 古' 등은 15세기의 '-고'에 대응된다(문법 형태소 대응). 당시의 음운 체계를 추정할 수 있는 자료로 자음과 관련하여 전자를, 모음과 관련하여 후자를 확보하게 되는 것이다. 훈독과 음차의 방법으로 두 개 이상의 지명이나 인명 등 고유 명사의 표기가 남아 있거나, 역시 동일한 방법으로 관명이 남아 있을 때 역시 당시의 음운 현상을 추정할 수 있는 자료가 될 수 있다. 예를 들어, '永同郡本吉同郡(삼국사기, 34:5), 密城郡本推火郡(삼국사기, 34:6), 水城郡本高句麗買忽郡(삼국사기, 35:2)'에서 '永'을 뜻하는 '吉'이라는 음을 가진 어휘를, '推'의 뜻을 가진 '密'의 음을 가진 어휘를, '水'를 뜻하는 것으로 '買'의 당시 음을 가진 고구려 어휘와 '城'을 뜻하는 어휘로 '忽'의 당시 음을 가진 고구려 어휘를 얻을 수 있는 것이다. 훈차와 훈차의 방식으로 둘 이상의 지명이나 인명 등이 남아 있을 때도 유익한 자료를 얻을 수 있다. 예를 들어 '推良火縣―云三良縣(삼국사기, 34:7)'에서 '推'의 훈과 '三'의 훈을 가진 당시의 고유어를 추정할 수 있는 것이다. 음차와 음차의 방식으로 혼기된 표기도 당시의 음운 체계나 음운의 변화를 추정하는 유익한 자료가 될 수 있다. 예를 들어 '尼叱今(삼국유사, 1:17), 尼師今(삼국사기, 1:17)'의 혼기나, '次次雄或云自充(삼국사기, 1:4)'의 혼기, 그리고 '尙質縣本百濟上柒縣(삼국사기, 36:5), 烏兒縣本百濟烏次縣(삼국사기, 36:8)' 등의 예에서 고대 국어의 치음 혹은 치음의 변화와 관련하여 귀중한 단서를 얻을 수 있는 것이다.

고유 명사의 혼기는 위에서 언급한 하나의 방식으로만 나타나는 것이 아니라 몇 가지 방식이 복합적으로 나타나기도 한다. 우리가 잘 알고 있는 '赫居世居西干(삼국사기, 1:1), 弗矩內王(삼국유사, 1:12)'의 혼기는 훈독과 음차 등이 섞여 있는 것이다. 한두 예만 더 들기로 한다. '比自火郡―云比斯伐(삼국사기, 34:7)'은 음차(比自)와 음차(比斯), 훈차(火)와 음차(伐)가 각각 대응되는 예이고, '居柒夫或云荒宗(삼국사기, 44:2)'는 음차(居柒)와 훈독(荒), 훈독(夫)과 훈독(宗)이 각각 대응되는 예이다.

이렇게 이중으로 표기된 고유 명사나 관직명 등이 당시의 음운을 추정하는 데에 더할 수 없이 귀중한 자료가 되지만 이들이 무한정 동일한 가치에 놓고 논의할 성질의 것은 아니다. 예를 들어, '二年郡本三年山郡(삼국사기, 34:5)'의 자료에서 '二年'과 '三年山'의 사이에 어떤 음운론적 대응 관계를 찾으려고 하는 것은 아마 부질없는 노력으로 돌아가게 될 것이다.

그런데 문제는 남아 있는 자료가 위의 두 부류 중 어느 쪽의 유형인지 판단하기가 쉽지 않다는 점에 있다. '古昌郡本古陁耶郡(삼국사기 34:3)'의 경우

'ㅊ, ㅌ'의 유기음에 관련된 자료로 보아야 하는지 혹은 자음군의 변화와 관련된 추론을 할 수 있는 자료가 되는지 아니면 단순히 지명 개정의 한 예에 불과한 것인지를 판단하기가 쉽지 않은 것이다. 훈차로 해독할 경우에는 더욱 심각한 문제에 빠지게 된다. 예를 들어 '二陽山縣本助比川縣(삼국사기 34:5)'과 같은 자료를 대할 경우 그 판단을 어떻게 할 것인가 하는 문제는 심각해지는 것이다. 이 자료는 얼핏 보아 개정한 지명과 본래의 지명이 무관한 것 같은데 달리 보면 관련이 있는 것 같기도 하다. 즉 '二'의 훈과 '助'의 훈은 초성 자음이 동일하고 중성은 원순모음이고, '陽'의 훈은 '比'의 음과 유사점을 가지고 있는데, 특히 초성은 동일하다. 그리고 '山'의 훈과 '川'의 훈('물'의 이전 형태를 선택할 경우[7])도 초성이 동일하다. 이런 자료를 대할 경우 이것이 당시의 언어 상황을 암시하는 것인지 아니면 단순한 지명 개정의 한 예에 불과한 것인지를 판단해야 하는데 그것은 쉽지 않은 것이다. 다시 말해 지명 개정의 원칙 혹은 혼기의 원리를 알아야 할 것인데 이것의 정리는 아직 요원한 상태로 남아 있는 것이다.

고유 명사나 관명의 혼기와 관련하여 유의해야 할 또 하나의 사항은 이것이 음운 규칙의 지리적 확산을 반영하고 있을 가능성이다. '兔山郡本高句麗烏斯含達縣(삼국사기, 35:4)'의 지명에서 '兔'는 '烏斯含'에 대응될 것이고, '山'은 '達'에 대응될 것이다. 전자의 경우 15세기 형태 '톳기(두초, 21:38)'와 비교하면 고구려 지역에 어두의 자음 약화가 발생한 것이 아닌가 하는 추론이 가능하다. 동일하게 '於斯內縣 一云斧壤(삼국사기, 37:4)'와 '돗귀(월석, 1:29), 도치(두초, 25:2)'의 예에서 어두의 자음 약화가 발생했음을 짐작할 수 있고, 이러한 현상은 당시의 한반도에 전반적인 현상이 아니고, 특정한 지역에 한정하여 발생하였음을 짐작할 수 있는 것이다. 그리고 '泗水縣本史勿縣

---

[7] '淸川縣本薩買縣(삼국사기, 34:5)'에서 '川'이 '물'의 옛 음과 대응됨을 알 수 있다.

(삼국사기, 34:10), 水城郡本高句麗買忽郡(삼국사기, 35:2), 믈(〈물〉'을 비교하면 'ㄹ' 탈락 현상이 지역에 따라 달리 발생했다는 것을 추론할 수 있다. 이러한 문제의 상론은 다른 자리로 미루어 둔다.

고유 명사 혹은 관직명의 혼기와 관련하여 또 하나 유의해야 할 사항은, 이들도 언어 체계 특히 음운 체계의 변화와 더불어 그 발음이 변화해 간다는 점이다. 그래서 기록으로 남아 있는 지명과 입으로 전해지는 지명에 차이가 있을 수 있고, 이것이 혼기의 형태로 남아 있을 가능성을 배제할 수 없다는 점이다. 예를 들어 '烏丘山縣本烏也山縣 一云仇道一云烏禮山(삼국사기, 34:6)'의 경우 제1음절 위치에 자음이 있는 것과 없는 것, 제2음절 위치에 역시 자음이 있는 것과 없는 것이 혼기를 보이고 있는데, 이 지명이 당시의 음운 현상을 반영하고 있고 그것은 일반적인 변화의 과정에서 일탈하지 않는다면 '仇道'가 가장 오래된 지명이고, '烏也山縣'이 그 다음 단계의 지명이고, '烏丘山縣'이 마지막 단계의 지명이라고 추정하는 것은 그렇게 어려운 것이 아니다. 첫 단계는 자음의 약화를 반영하는 것으로 볼 수 있고, 다음 단계는 과잉 교정으로 볼 수 있기 때문이다. 앞에서 예로 들었던 '烏兒縣本百濟烏次縣(삼국사기 36:8)'도 지명의 통시적 변화를 반영하고 있는 것으로 보이는데 구체적인 설명은 다른 자리로 미룬다. 요컨대 복수로 남아 있는 지명의 표기가 공시적 교체를 보이는 것인가 아니면 통시적 변화를 암시하는 것인가 혹은 통시적 변화의 다른 단계를 반영하고 있는 것인가 하는 문제 등이 앞으로 검토되어야 할 것이다.

3.4. 계련법과 중국 음의 추정

진례(陳澧)라는 사람이 절운 계통의 운서에 어떤 종류의 성모가 있었는지를 조사하는 방법으로 반절계련법(反切繫聯法)이라는 것을 고안해 냄으로써 조기 중고 한어에도 경순음이 존재하지 않음이 밝혀지게 되었다. 반절계련법이란 '동일한 반절 상자나 반절 하자를 사용하는 반절 귀자는 각각 동일한 성모나 운모를 가지고 있을 것이다'라는 전제하에 반절 상자와 반절 하자를 그룹화하는 방법을 말한다. 예를 들어 광운을 살펴보면 東=德紅切이고, 德=多則이고, 多=得何이고, 得은 德과 같은 소운(小韻)에 해당한다. 또 德을 반절 상자로 사용하는 글자에는 打가 있고, 多를 반절 상자로 사용하는 글자에는 董·弔·端 등이 있고, 得을 반절 상자로 사용하는 글자에는 旦이 있으므로, 東·德·多·得·打·董·弔·端·旦은 같은 성모(즉 端모, /t/)를 가지고 있었을 것이라고 추측하는 것이다. 이와 같은 방식으로 순음에서 반절계련법을 진행해 보자. 丙=兵永切이고, 兵=甫明이고, 甫=方矩이고, 方=府良이고, 府=甫인데, 丙·兵·甫·方·府는 같은 성모여야 한다. 그러나 후기 중고 한어에서 丙·兵은 幫모에 속하며, 甫·方·府는 非모에 속한다. 따라서 丙·兵과 甫·方·府은 원래는 같은 성모였는데 나중에 분화되었다는 결론을 내릴 수 있다. 이런 식으로 반절계련법을 여러 번 진행하면 절운에 반영되어 있는 전기 중고 한어에는 중순음과 경순음의 구별이 없었다는 것을 알 수 있다. 이에 대해 혹자는 '고대에 중순음과 경순음의 구별이 없었다'는 사실이 '경순음이 없었음'을 보장해 주는가? '경순음만 있고 중순음이 없었을 수도 있고, 경순음도 중순음이 아닌 제3의 성모가 있었을 수도 있지 않은가?'라는 의문을 제시할 수 있다. 이 의문을 해결하기 위해서는 다음 다른 근거들이 추가로 필요하다.

먼저 현대 중국어 방언을 근거로 들 수 있다. 대다수의 중국어 방언들은 중고 한어에서 분화되었다고 여겨지나, 예외적으로 민어는 중고 한어 이전에 분화되었다고 여겨진다. 그리고 민어에는 순중음에 해당하는 음소(즉 /p/, /pʰ/, /b/, /m/)는 있는 반면, 경순음에 해당하는 음소가 없다. [f]라는 음성이 존재하는 방언도 있으나, 이는 치음 계열의 음소에서 나온 것으로 경순음이랑은 관련이 없다. 또한 민어 중에 하문어(廈門話)나 조주어(潮汕話) 같이 구어와 문어의 발음에 차이가 있는 방언에서는 경순음의 발음이 다르게 나타나기도 하는데, 중국 수도 쪽 표준 발음을 따라가려는 성향이 강한 문어에서 경순음은 /h/라는 형태로 나타나는 반면, 보수적인 발음을 유지하려는 성향이 강한 구어에서 경순음은 순중음(/p/, /pʰ/ 등)의 형태로 나타난다. 구체적인 내용은 생략한다.

민어는 고대 중국어에 경순음이 없었다는 주장에 힘을 실어 준다. 그 외에 보수적인 발음을 유지하려는 성향은 일부 고유 명사에서도 나타난다. 예를 들어 費(fei)는 현대 중국어에서 원칙적으로는 경순음(/f/)을 가지지만, 성씨로 사용될 때는 중순음(/p/, bei)으로 읽어야 한다. 番(fan) 역시 경순음을 가지지만, 지명 番禺(panyu)에서는 중순음(/pʰ/)으로 읽어야 한다.

또 고대 중국어가 어떻게 발음되었는가를 알아낼 때는 한자 이외의 문자로 중국어를 표기한 자료, 또는 외국어를 한자로 음역한 자료가 중요하게 작용하는데 이를 통해서도 후기중고한어 이전에는 중순음만 있고 경순음이 없었음을 알 수 있다. 예를 들어 산스크리트어 buddah(부처)는 한자로 浮圖, 혹은 佛陀라고 음역하고, jambu(나무의 일종)는 閻浮, 혹은 剡浮라고 음역하고, namo(존경, 예의)는 南無라고 음역한다. 이때 浮, 佛, 無는 모두 현대 중국어에서 경순음으로 읽는다. 즉, 산스크리트어의 양순음을 음역하기 위해 경순음 성모를 가지는 한자들을 사용했으므로 이들은 원래 중순음으로 읽었음을 알 수 있다. 이렇게 다양한 근거들을 종합한 결과, 중국어를 연구하는 언어학자들 사이에서 고무경순음은 사실로서 받아들여지고 있다.

3.5. 대응 관계의 유형[8]

가. 공통음 대음

어느 한쪽의 문자로 다른 언어를 표기하고자 할 경우에는 두 언어의 공통된 음만이 규칙적으로 대응될 수 있을 것이다.

나. 유사음 대음

직접 대응될 수 없는 경우에는 인접의 유사한 체계가 대응될 수밖에 없음을 인식해야 할 것이다.

다. 무표음 대음

직접 대응되는 음이나 유사한 음이 존재하지 않을 경우에는 이 음과 가장 유사한 관계에 있는 양면적 대립 관계의 짝이나 유무적 대립 관계의 짝으로 전사될 것은 분명하다.

라. 변이음 역대응

위의 대응과 다른 유형으로 변이음이 대응하는 유형을 추가할 수 있을 것이다. 한 언어(이를 ㉮ 언어라고 하자)에서는 변이형의 관계로 존재하는 두 음성이 다른 언어(이를 ㉯ 언어라고 하자)에서는 변별력을 가진 음소로 존재할 때, ㉮ 언어의 변이형은 ㉯ 언어의 문자로 전사될 경우에는 변별적인 음소로 전사되지만, 거꾸로 ㉯ 언어의 음소가 ㉮ 언어의 문자로 전사될 경우에는 변별력이 존재하지 않은 하나의 음소로 전사될 것이다. 이를 변이음 역대응의 원칙 정도로 부를 수 있을 것이다.[9]

---

[8] 이에 관한 내용은 졸저(2002) 49쪽에서 65쪽에 걸쳐 〈대응의 기본 원칙〉이라는 제목으로 기술되고 있으므로 여기서는 그 핵심 내용만을 옮기기로 한다.
[9] 쉽게 표현하면, 한국어의 유성 변이음은 영어 문자로 표기하면 음소인 듯이 표기되고, 영어의 변이음 유기음은 한국 문자의 표기에서 음소인 것처럼 표기된다는 것이다.

제4절 상대적 연대순

4.1. 일반

상대적 연대순을 추정하는 작업은 관련된 두 개 이상의 현상이나 규칙 중 어느 것이 먼저 존재했고, 어느 것이 뒤에 존재했는가 하는 문제를 밝히는 작업이다.

현대 국어에서 규칙 적용에 있어서 특이한 양상을 보이는 구개음화의 예를 보면 다음과 같다. 현대 국어에서 구개음화 규칙은 '디디-, 견디-, 부디, 불티'에서처럼 형태소 내부에서는 구개음화 규칙이 적용되지 않고, 형태소의 연결 중 '닫히-, 묻히-, 같이, 굳이' 등에서는 구개음화가 적용되고, '밭이랑, 홑이불' 등에서는 구개음화가 적용되지 않는다. 형태소의 연결에서 적용과 비적용의 차이가 나는 것은 구개음화 규칙이 형태론적인 범주의 제약을 받았다는 것을 의미한다. 그런데 형태소의 내부에서는 구개음화 규칙이 적용되지 않고, 형태소의 연결에서 구개음화가 적용되고 있는 것처럼 보이는 것은 국어사에서 구개음화 규칙이 '드, 듸'가 '디'로 변화하는 전설 고음화 규칙 내지는 이중 모음의 단모음화 규칙보다 상대적으로 이전에 발생했기 때문이다. 즉, 구개음화 규칙의 상대적 연대순이 전설 고모음화 규칙보다 앞서기 때문이다. 이 경우는 문헌으로 확인해 볼 수 있는 것인데 문헌으로 확인할 수 없는 경우에 상대적 연대순의 추정은 더욱 중요하다.

앞에서 예로 들었던 동남 방언의 경우 현재 6모음 체계가 사용되고 있는데, 이전 체계의 흔적으로서 '끼리-(←끓이), 게비(←겁+이), 베비(←법+이)'가 남아 있다. 이것은 동남 방언의 어느 시기에 '으'와 '어'가 구분되었다는 것을 의미하고, 구분되던 당시에 움라우트 규칙이 발생했음을 의미하는 것이다. 다시 말해 동남 방언에서는 움라우트 규칙과 'ㅓ, ㅡ'의 합류가 발생했는데, 두 규칙의 발생 순서에 있어서는 움라우트가 앞선다는 것을 의미하는 것이다. 중부 방언의 '견디-'와 남부 방언의 '전디-'에 대해서도 비슷한 논의를 할 수 있다. 이런 예에서는 'ㄱ' 구개음화가 발생할 당시에는 CGV(C)라는 음절 구조가 존재하고 있었음을 알 수 있다. 결국 'ㄱ' 구개음화의 발생이 활음의 탈락보다 상대적으로 앞선다는 것을 추론할 수 있는 것이다.

이처럼, 어떤 규칙이 먼저 발생하고 어떤 규칙이 뒤에 발생했는가의 문제를 따지는 작업은 통시적인 변화를 정확하게 알기 위해 매우 중요한 작업이 되는 것이다.

4.2. 방언 간 차이의 이해

같은 기원을 가진 것이 확실한 상이한 방언형이 존재할 때 두 방언에 적용된 규칙의 존재 여부 혹은 상대적인 연대순을 이용하여 방언차를 제대로 이해할 수 있다. 동일한 규칙의 상이한 규칙순으로 인해 방언형이 달라지는 것이다.

국어의 '키'에 대해 '쳉이' 방언과 '켕이' 방언이 존재하는데, 이들이 달리 형성된 이유는 'ㄱ' 구개음화 규칙과 'ㅣ' 탈락 규칙의 규칙순의 차이에 의한 것이다. '쳉이' 방언은 'ㄱ' 구개음화 규칙이 먼저 적용되고, '켕이' 방언은 'ㅣ' 탈락 규칙이 먼저 규칙된 결과인 것이다.

4.3. 과거의 재구

상대적 연대순의 차이를 역이용하여 과거를 재구할 수도 있다. 15세기 국어의 음절말 자음의 중화 방향, 선어말어미와의 결합 관계 등을 고려하여 음절말 자음체계의 과거를 재구할 수 있다. 15세기 국어에서는 'ㅈ, ㅊ' 등이 'ㅅ'으로 중화되어 8종성으로 실현되있는데, 본래 어간말에 'ㅈ'을 가진 어휘는 겸양의 선어말 어미와 결합할 때 'ㅅ' 과 달리 어두 'ㅈ'을 가진 '즙'과 결합하다. 이로 미루어 어간말 종성과 선어말 어미 어두 자음의 결합관계 선택은 종성의 중화 현상보다 상대적 연대순이 앞선다는 것을 알 수 있다. 이로 미루어 과거의 시기에서는 종성에 'ㅈ'이 실현되었음을 추정할 수 있다.

제5절 타당성 검증

자료를 검토하여 과거의 모습을 재구하고 상대적인 연대순을 결정하였다면, 남은 문제는 그 결론의 타당성 여부를 검증하는 것이다. 타당성을 검증하는 작업은 공시적인 체계의 타당성과 통시적인 변천 과정의 타당성을 확보하는 작업이고, 또한 변별적인 발화의 가능성을 검증하는 작업이다. 공시와 통시의 구분이나 논의의 주안점은 연구자의 취향에 따라 달라질[10] 수 있겠지만 이 둘의 관계가 서로 보완적이라는 생각은 놓치지 말아야 할 것이다.

타당성을 검증하기 위한 기준점에는 통시적인 변화의 과정에서 일시적으로 적용되지 않을 수 있는 것도 있고, 시대에 관계없이 항상 검토되어야 할 것이 있다. 전자를 임의적인 제약이라고 한다면 후자를 필수적인 제약이라고 할 수 있을 것이다. 다음에 논의할, 보편적 타당성과 체계적 타당성은 변화의 과정에서 일시적으로 적용되지 않을 수도 있으므로 임의적인 제약이라고 할 수 있고, 재구된 음소가 다른 음소와 변별적으로 구분되어 발화될 수 있는 제약과 변화는 역사의 통시적 연속성으로 반드시 해명될 수 있어야 한다는 제약은 어느 시대를 막론하고 지켜져야 할 것이므로 필수적인 제약이라고 할 수 있을 것이다.

국어사 혹은 범위를 좁혀 어떤 시대의 어떤 분야에 대한 연구 결론이 타

---

10 공시적인 상태를 설명하기 위해 통시적인 과정을 고려할 수 있고, 통시적인 설명을 하기 위해 공시적인 상태를 논의할 수도 있다. 과거에 대한 연구, 예를 들어 15세기 국어에 대한 연구는 통시적인 연구이고, 현재에 대한 연구는 공시적인 연구라는 인식은 고쳐져야 한다. 공시와 통시에 관한 구분은 시대의 구분이 아니라 시대를 보는 관점의 차이라는 것을 분명히 인식해야 한다. 하나는 고정된 상태로 보는 것이고, 다른 하나는 변화의 과정을 보는 것이다.

당성을 가지고 있는가 하는 문제를 검토하기 위한 기준점들은 크게 세 가지로 범주화할 수 있을 것 같다. 연구의 대상이 되는 자료가 연구하고자 하는 시대의 모습을 밝히기에 적합한 자료인가 그리고 연구하고자 하는 시대의 특정 분야를 재구하기에 적합한 자료가 전형적으로 충분히 확보되었는가 하는 문제가 우선 검토되어야 할 것이다. 그 다음에는 그러한 자료로써 잘못된 편견 내지는 전제를 가지지 않고 추론의 오류 없이 정당하게 논의되었는가 하는 문제가 검토되어야 할 것이다. 마지막으로 도출된 결론이 타당한가 하는 문제를 검증해야 할 것이다. 자료의 타당성, 전제 및 논의 과정의 타당성과 결론의 타당성 등이 타당성 검증의 주제들이 될 것인데, 마지막의 문제는 앞의 두 기준점에 의존적이라고도 할 수 있는 것이다. 충분히 많은 수의 전형적인 자료로써 오류 없이 추론되었다면 정당한 결론이 도출될 수밖에 없을 것이기 때문이다. 거꾸로, 결론이 타당하지 못하다면 앞의 두 가지 중 어느 부분을 잘못 판단하였다고 할 수 있을 것인데 여기서는 결론의 타당성을 따져 볼 수 있는 몇 가지를 생각해 보기로 한다.

5.1. 보편적 체계성과 특수한 예외성

언어 체계는 보편적인 타당성을 확보할 수 있는 체계로 재구되어야 하고, 재구된 체계는 당시의 언어 현상을 합리적으로 설명할 수 있어야 한다. 만약 재구된 체계에 예외가 있을 경우에는 그것이 설명될 수 있어야 한다.

하나의 대상이나 과정 혹은 존재가 그 자체로서 독립적으로 존재하는 것이 아니라, 다른 수많은 대상이나 과정 혹은 존재와 서로 관련되어 발생하고 그 속에서 존재를 유지하며 소멸하는 것이라면, 이러한 것으로 이루어지는 체계는 두 가지의 상이한 면—수직적인 면과 수평적인 면을 가지게 된다. 수직적인 존재로서 하나의 대상이나 과정 혹은 존재는 두 가지의 상이한 면을 가지게 된다. 하나는, 그것들이 각각 그것 자체로 전일(全一)적인 구성체로 존재하는 것이 아니라면 전일(全一)적인 개념에 좀 더 가까운 구성체 혹은 상위 개념이나 존재의 한 구성 요소로 존재한다는 것이고, 다른 하나는 하부 구성 요소의 상위 개념으로서의 구성체로 존재한다는 것이다. 그리고 수평적인 존재로서 하나의 대상이나 과정 혹은 존재는 동일한 계층의 다른 요소와 관계를 이루며 존재한다. 다시 말해, 하나의 체계는 수직적인 측면에서 하부 계층의 보편성(?)이라는 측면과 상부 계층의 한 요소라는 측면을 동시에 가지게 되고, 수평적인 측면에서 동일한 계층의 다른 요소와 관계를 이루며 존재하는 것이다.

언어의 발화라는 기준점에서 보면, 국어의 'ㄱ'이라는 음소는 수직적인 면에서 좀 더 큰 발화 단위인 음절의 구성 요소를 이루고, 이보다 더 작은 단위인 자질의 복합체(구성체)로 존재하는 것이다. 'ㄱ'이 조음 위치나 조음 방법의 단순한 집합체가 아니라 조음 위치나 조음 방법, 공기의 흐름, 개개 인간의 특성 등이 종합적으로 융합되어 나타나는 것이라면 그것 자체로서의 독립성도 존재나 대상의 특징으로 규정해야 할 것이다. 그리고 수평적인 면에서 보면 다른 자음 예컨대 'ㄲ, ㅋ, ㅇ' 등과 관련하여 존재하는 것이다. 이와 달리 언어의 체계라는 기준점에서 보면 'ㄱ'이라는 음소는 음소 체계의 구성 요소로 존재하고 자질 체계의 구성체로서 존재하며 또한 다른 음소와의 관계 속에서 존재하게 되는 것이다. 그러므로 한 음소는 자질의 복합체로서, 다른 음소와의 관계로서, 상위 체계의 구성 요소로서 그 존재의 타당성이 보편성과 선험성으로[11] 검증되어야 할 것이다.

---

[11] 보편성과 선험성의 개념 자체는 연역적인 대전제로서 선험적으로 수용하더라도, 무엇이 보편적이고 선험적인가 하는 구체적인 내용은 경험적으로 혹은 후천적으로 귀납할 수밖에 없을 것이다. 이런 부분에 대한 논의는 다른 기회로 미룬다.

이러한 사고를 바탕으로 고대 국어의 모음 체계로 재구된 다음의 예를 보자.[12]

   iɑ이   ïβ이   ü우   u오
              ə으 ɐ ᄋ
              ä어 a아

이러한 모음 체계를 작성한 후, 전설 모음계인 '/어/ä, /으/ə, /우/ü, /이/iɑ' 등이 비전설 모음계인 '/아/a, / ᄋ/ɐ, /오/o, /이/ïβ' 등에 각각 대립한다고 하는 논의를 볼 수 있다.

이러한 논의에 대해 우선 지적할 수 있는 것은, '3이 홀수이고 5가 홀수이니, 3과 5로 이루어진 8도 홀수'라는 논리적 오류를 범하고 있는 것이다. 'iɑ이'와 'ïβ이', 'ü우'와 'u오', 'ə으'와 'ɐ ᄋ', 'ä어'와 'a아'가 각각 전설과 후설의 대립을 이루고 있다 하더라도, 이들은 전체적으로 전설과 후설의 대립 관계를 보여 주지 못하는 것이다. 후설 모음으로 분류된 'ïβ'가 전설 모음으로 분류된 '/어/ä, /으/ə, /우/ü'보다 더 전설적이기 때문이다. 이러한 논리상의 오류를 범하지 말아야 되는 것은 당연한 요청 중의 하나가 된다.

위와 같은 모음 체계가 보편성을 가지고 있는가 하는 문제 역시 대단히 의심스러운 것이 된다. 예를 들어 원순 모음으로는 'ü우, u오'가 존재하는데 하나의 모음 체계에서 원순 모음이 두 개가 있다면 그것은 'o, u'가 예견되지 'ü'의 존재가 예견되지는 않는 것이다. 이와 관련하여 'ɐ ᄋ'는 어떤 자질의 복합체인가 하는 문제도 대단히 의심스러운 것이 된다.

---

[12] 특정한 업적의 공과를 평가하기 위한 것이 아니고, 논리적인 문제를 검토하기 위한 것이므로 연구자에 대한 구체적인 언급은 피하기로 한다.

또 하나, 체계적인 타당성 내지는 논리성과 관련하여 고려되어야 할 것이 체계와 현상의 관련성이다.[13] 체계는 현상의 전제가 되고, 현상이 발생하는 내부적인 동인이 되는 것은 아마 사실일 것이다. 그리고 체계의 표면화가 현상이라는 것도 긍정적으로 받아들여야 할 것이다. 그렇다면 현상을 설명할 수 없는 혹은 현상과 괴리된 체계는 존재할 수 없다는 것도 수긍해야 할 것이다. 체계와 현상을 검증하는 인식의 과정이 결과론적이든 원인론적이든, 재구된 체계는 발현된 현상에 의해 검증되어야 할 것이다.

이를 위해 고대 국어의 모음 체계로 재구된 다른 예와 국어의 모음 조화에 대해 예를 들어 보자.

$$\begin{array}{ccc} i & ü & u \\ e & ə & ɤ \\ & a & \end{array}$$

고대 국어의 모음 체계를 위와 같이 재구한 논의를 볼 수 있는데, 이러한 모음 체계는 언뜻 보아 중세 국어의 모음 체계로 넘어오기 전의 것으로써 상당히 설득력이 있다고 할 수도 있을 것이다. 그런데 이러한 모음 체계에서 모음 조화가 있다면 그것은 어떤 양상일까 하는 의문을 제기할 수 있어야 할 것이다.

5.2. 통시적인 타당성과 연속성

존재하고 있는 모든 것은 변화의 과정에 있는 것이고, 원인 없이 생기는

---

[13] 어떤 체계가 체계적인 타당성을 확보할 수 있다고 하여 그것이 항상 올바른 것이라고 할 수는 없을 것이다. 체계는 현상과 조화를 이룰 수 있어야 하기 때문이다.

결과란 있을 수 없다는 것이 언어의 재구에도 적용되어야 할 것이다. 역사의 어느 시점이든 그것은 그 시점에서의 독자성이라는 공시성과 앞에서 변화했고 뒤로 변화해 가는 중간 과정이라는 통시성이라는 두 개의 양상을 가진다는 것이 항상 인식되어야 한다. 역사적인 변화의 타당성이란, 한 시대의 공시적인 존재는 앞 시대와 뒤 시대의 존재와 관련하여 변화 과정이 연속성을 가지고 연결될 수 있어야 한다는 것과 변화의 원인과 결과 그리고 그 과정이 언어 체계 속에서 합리적으로 설명될 수 있어야 한다는 것을 내포해야 할 것이다.

일반적으로 언어 체계 특히 음운 체계가 변화하는 요인으로는 첫째, 조음 기관의 부담(예를 들어, 너무 많은 수의 자모); 둘째, 체계의 불균형; 셋째, 기능 부담량의 불균형; 넷째, 과도한 기능 부담량(적은 수의 음소로 과도한 어휘를 분화하고자 할 때 생기는 현상, 예를 들어 문화의 발달로 어휘 수는 증가하고 음소의 수는 그대로 있을 때 음소 수의 증가를 초래할 수도 있을 것임) 등을 들 수 있을 것이다.

통시적인 타당성과 연속성을 논의하기 위해 국어의 모음 추이를 설명한 다음의 한 예를 보자.

국어사의 어느 시기에 다음과 같은 모음 체계가 존재했을 것을 가정하고,

    i ɑ이   ü우   u오
             ə으   ɐ ᄋ
             ä어   a아

이후의 어느 시기에 모음 추이가 발생하는데, 모음 추이가 완료된 뒤의 모음 체계는 다음과 같이 되었다고 논의하는 경우,

```
i 이    ə 으           ü 우
        ä 어    u 오
        a 아    ɐ ㅇ
```

과연 이러한 종류의 모음 추이가 일어날 수 있을까 하는 데는 적지 않은 의문이 제기된다. 앞의 모음 체계에서 뒤의 모음 체계로 변화할 어떠한 이유도 찾아 볼 수 없기 때문이다. 모음 추이가 발생하려면 모음의 합류나 어떤 요인으로 인하여 발음 음역이 넓어진 어떤 음운이 다른 음운을 밀어서, 조음 위치의 이동을 촉발시키고, 이것이 다시 다른 음운을 밀고 하는 식으로 발생하거나(push-chain), 소멸이나 합류 등으로 인하여 조음상의 빈 공간이 생기고 빈 공간에 인접해 있던 음운이 이동함으로써 새로운 빈 공간이 생기고, 이 공간을 다른 음운이 메우기 위해 이동하는 식으로 연쇄적으로 모음이 변화(drag-chain)할 수도 있는 것인데, 앞의 모음 체계에서 뒤의 모음 체계로 변화하는 것은 아무런 동기를 찾을 수 없다는 데 심각한 이유가 있는 것이다. 그뿐만 아니라 모음 추이 후의 모음 체계와 모음 추이 전의 모음 체계가 동일하다는 것은 있을 수 없는 일로 생각된다.

5.3. 음성적 현실성(변별성)

언어는 기본적으로 발화를 전제로 하는 것이다. 재구된 언어 상태 내지는 음운 체계는 언어 이론상 혹은 논리적으로 문제가 없어야 하겠지만, 논리적으로 허점이 전혀 없다 하더라도, 실질적으로 변별적인 발화가 가능한 것이라야 한다.

언어가 체계로 이루어져 있다는 것은 현대 언어학에서 기본적인 전제로 받아들이고 있는 것이고, 언어학자들은 언어에 내재된 혹은 겉으로 드러나는 체계를 밝히기 위해 부단히 노력하고 있는 것도 사실이다. 그래서 언어학자들은 공시적으로 보다 반듯한 체계, 예외 없는 규칙을 찾아내기 위해 심혈을 기울이고 있는 것도 사실이다. 그러나 언어 현실이 언어학자들에 의해 반듯한 체계로 조작되어서는 안 된다는 것도 항상 명심해야 할 것이고, 어느 시점이든 그것은 역사적으로 과도기의 성격을 가지고 있다는 사실도 명심해야 할 것이다.

공시적인 체계에 있어서나, 통시적인 변화에 있어서나, 존재 자체는 형식적인 가능성이 아니라 실재적인 가능성을 가지고 있어야 한다. 전설계의 단모음을 개구도의 정도에 따라 10개나 그 이상으로 나누는 것도 이론적으로는 가능할 것이다. 그러나 이것이 실질적인 언어 현실에서 변별적으로 사용되지는 않을 것이다. 다시 말해 이론적 혹은 형식적인 가능성이 있더라도 실재적인 가능성은 없을 것이다. 비슷하게 'i'라는 모음이 'o' 모음으로 공시적으로나 통시적으로 변화하는 것이 전혀 불가능하지는 않을 것이다. 변화의 가능성만으로 생각한다면, i가 ï나 ü로 변화하고, ï나 ü가 u로 변화한 후, 이어서 u가 다시 o로 변화하는 것은 충분히 가능성이 있는 것이다. 그러나 이것이 현실적으로 실현될 수 있을 것 같지는 않다. 형식적인 가능성이 실재적인 가능성을 가지기 위해서는 어느 한 언어의 역사에서 상기의 변화가 통시적인 과정에서 순차적으로 발생해야 하기 때문인데 이것은 현재 우리가 가지고 있는 지식으로 논의의 필요성을 느끼지 못하기 때문이다.

재구된 언어의 체계는 공시적으로 변별될 수 있는 현실적 가능성의 체계로 재구되어야 할 것이고, 통시적으로 변화할 수 있는 현실적 가능성의 체계로 재구되어야 할 것이다. 아울러, 통시적인 변화의 과정은 객관적인 언어의 변화 법칙에 모순되지 않는 현실적인 가능성을 가지고 있어야 할 것이다. 다시 말해, 재구된 것은 실질적으로 존재할 수 있는 것이어야 하고, 변별적인 발화가 가능한 체계여야 한다는 당연한 요청을 간과해서는 안 될 것이다.

제6절 결론에 대신하여

지금까지 '연구 방법'이라는 거창한 제목으로 제1절에서는 '자료와 검토'라는 제목으로 공시적인 편견에 관한 것, 문자와 언어의 대응에 관한 것, 문헌의 특수성, 문헌 비판에 관한 것을 간단하게 다루어 보고, 제2절에서는 재구에 관한 일반적인 사항을 다루어 보았다. 즉 재구 방법이란 무엇인가? 어떤 것이 재구의 대상이 될 수 있는가, 재구의 절차는 어떻게 되고, 재구의 한계는 무엇인가에 대해 간략하게 논의해 보았다. 그리고 제3절에서는 한국어가 가지고 있는 차자 자료의 종류는 어떻게 되고, 그것들을 해독할 수 있는 방법에 대해 간략하게 논의해 보았다. 제4절에서는 상대적 연대순에 대해, 제5절에서는 타당성 검증이라는 제목으로 간단하게나마 논의를 해 보았다. 결론의 정당성을 위해 보편적 체계성과 특수한 예외성, 통시적인 타당성과 연속성, 음성적 현실성(변별성)에 대해 약간의 의견을 피력하였다.

국어사의 연구 방법이 조금 더 탄탄한 기반 위에서 발전하기를 기대할 따름이다.

참고 문헌

곽충구(1985), 「'뻬-'(貫)의 통시적 변화와 방언 분화」, 『국어학』(국어학회) 14.
김방한(1988), 『역사비교언어학』, 민음사.
김완진(1972), 「다시 β, w를 찾아서」, 『어학 연구』(서울대 어학연구소) 8-1.
김완진(1974), 「음운 변화와 음소의 분포―'ᄫ'의 경우―」, 『진단학보』(진단학회) 38.
남풍현(1981), 『차자표기법 연구』, 단국대학교출판부.
문양수(1974), 「역사언어학」, 『어학연구』(서울대 어학연구소) 10-2.
박병채(1990), 『고대 국어의 음운 비교 연구』, 고려대학교출판부.
박창원(1986), 「음운 교체와 재어휘화」, 『어문논집』(경남대학교 사범대학 국어교육과) 2.
박창원(1990), 「음운 규칙의 통시적 변화」, 『강신항선생 회갑기념 국어학논문집』, 태학사.
박창원(1992), 「경남 방언의 모음 변화와 상대적 연대순―필사본'수겡옥낭좌전'을 중심으로」, 『가라문화』(경남대학교 가라문화연구소) 9.
박창원(1995), 「고대 국어(음운) 연구 방법론 서설」, 『국어사와 차자 표기』(소곡 남풍현 선생 회갑 기념 논총), 태학사.
박창원(2002), 『고대국어의 음운(1)』, 태학사.
송 민(1986), 『전기 근대 국어 음운론 연구』, 탑출판사.
심재기(1982), 『국어 어휘론』, 집문당.
안병희(1976), 「훈민정음의 이본」, 『진단학보』(진단학회) 42.
이기문(1963), 『국어 표기법의 역사적 연구』, 한국 연구원.
이기문(1972), 『개정 국어사 개설』, 민중서관.
이기문(1991), 『국어 어휘사 연구』, 동아출판사.
이병근(1976), 「파생어 형성과 i 역행 동화 규칙들」, 『진단학보』(진단학회) 42.
이병근(1979), 「한국 방언 연구의 흐름과 반성」, 『방언』(한국정신문화연구원) 1.
이병선(1982), 『한국 고대 국명 지명 연구』, 형설출판사.
이숭녕(1955), 「신라 시대의 표기법 체계에 관한 시론」, 『서울대 논문집 인문사회과학』 2.
이승재(1983), 「재구와 방언 분화―어중 '-ㅅ-'류 단어를 중심으로」, 『국어학』(국어학회) 12.
전광현(1971), 「18세기 후기 국어의 일 고찰」, 『논문집』(전북대) 13.
정연찬(1981), 「근대 국어 음운론의 몇 가지 문제」, 『동양학』(단국대 동양학연구소) 11.
최명옥(1978), 「동남 방언의 세 음소」, 『국어학』(국어학회) 7.
홍윤표(1986), 「근대 국어의 표기법 연구」, 『민족 문화 연구』(고려대 민족문화연구소) 19.
홍윤표(1994), 『근대 국어의 연구』, 태학사.

Anttila, R., *An Introduction to Historical and Comparative Linguistics*, Macmillan Publishing Co., Inc. 박기덕·남성우 옮김(1995), 『역사비교언어학 개론』, 민음사, 1972.
Bynon, T., *Historical Linguistics*, Cambridge Univ. Press, 1977.
Hock, H. H., *Principles of Historical Linguistics*, Mouton de Gruyter, 1986.
Hoenigswald, H. M., *Language Change and Linguistic Recon-struction*, The Univ. of Chicago Press, 1960.
Jakobson, R., *Principles of Historical Phonology*, 이덕호 역(1977), 『음운론』, 범한서적, 1931/1949/1972.
Jeffer, R. J. & Ilse Lehiste, *Principles and Methods for Historical Linguistics*, The MIT Press, 1979.
King, R. D., *Historical Linguistics and Generative Grammar*, Englewood Cliffs, N. J.: Prenntice-Hall, 1969.

| 제4장 |

간추린 국어사

제1절 인류의 진화와 세계의 언어 그리고 한국어
1.1. 인류의 진화 | 1.2. 세계의 언어

제2절 한국어의 계통
2.1. 계통연구란? | 2.2. 서구인의 연구 | 2.3. 알타이 어족설

제3절 한국어(언어 공동체)의 생성과 시대 구분
3.1. 언어 공동체의 생성 – 고조선어 | 3.2. 한국어 역사(국어사)의 시대 구분

제4절 한국어의 표기
4.1. 한자의 차용과 표기 | 4.2. 훈민정음의 창제 | 4.3. 표기법의 정비

제5절 한국어의 역사
5.1. 언어 공동체의 분화 | 5.2. 4국 방언의 정립 – 고구려어 · 백제어 · 가야어 · 신라어 |
5.3. 언어의 재통일

제6절 한국어의 현재와 과제
6.1. 한국어의 사용 현황 | 6.2. 한국어의 지역적 확산 |
6.3. 한국어와 다문화 – 한국으로의 이민자 현황

제7절 한국어의 당면 과제들
7.1. 남북의 언어 분단 | 7.2. 영어의 도전 | 7.3. 다문화 사회의 도래 – 언어의 공존

제8절 결론으로 붙이는 말
8.1. 언어 공동체의 생성 그리고 분화와 통일 | 8.2. 새로운 문자 생활 | 8.3. 외국어의 접촉과 수용 |
8.4. 영역의 확산과 축소 그리고 재확산 | 8.5. 다원적 일원론의 정립

참고 문헌

제1절 인류의 진화와 세계의 언어 그리고 한국어

1.1. 인류의 진화

지금으로부터 50억 년쯤 전에 태양계가 만들어져 태양과 지구 등의 행성이 생겨났다고 한다. 공기와 물이 있는 지구에 생명체가 생기기 시작하여 진화에 진화를 거듭한 끝에 유인원의 조상이 만들어지고, 지금으로부터 대략 600만 년 전에 인류의 조상이 되는 동물이 걷기 시작하면서 새로운 운명이 개척된다. 즉 존재를 지탱하기 위해 필요한 것은 두 다리이기에, 이러한 일을 하고 남은 두 팔을 자유스럽게 운용하면서 도구를 만들기 시작하는 것이다. 그래서 자기보다 더 큰 동물의 위협을 이겨내고 소위 말하는 '만물의 영장'이 되기 시작한다. 그 후 대략 200만 년쯤 전에 불을 사용하기 시작함으로써 또 한 번의 탈바꿈을 하게 된다. 자연에 있는 에너지를 그대로 사용하는 것이 아니고 인위적으로 만들고 저장함으로써 삶의 방식과 영역을 획기적으로 확장하게 되는 것이다. 현대에서 원자핵의 변환을 꾀해 그 차이 나는 에너지를 이용하는 것도 이것의 연장이다. 그리고 지금으로부터 대략 5,000년 내지 7,000년 전에 문자를 발명하여 인류는 또 한 번의 혁신적인 변화를 꾀하게 된다. 개인적으로 경험한 지식을 다른 사람과 공유함으로써 개인의 경험을 사회의 경험으로 전환시키고 이로 인한 지식의 재생산 내지는 재창조를 할 수 있는 것은 인간이 언어를 사용하기 때문이다. 이 언어는 시간과 공간의 제약을 가지고 있는데, 이러한 제약을 벗어날 수 있는 발판을 마련하게 되는 것이다.

1.2. 세계의 언어

현재 살고 있는 인류의 조상이 지구상에 중심이 되는 생물체로 자리 잡은 후, 인류의 언어는 분화와 통합을 계속하게 된다. 21세기 현재 지구에는 대략 5,000개에서 6,000개 정도의 언어가 있다고 한다.

1.2.1. 주요 어족

인류가 사용하고 있는 언어를 그 유사성과 기원에 따라 분류한 것을 '어족'이라고 하는데, 현재 사용되고 있는 〈주요 어족〉의 종류 및 분포 지역은 대체로 다음과 같다.

(1) 인도·유럽 어족: 유럽, 아프리카, 아시아, 아메리카 등 지구상의 가장 넓은 지역에 분포하고 있다. 이 어족에는 여러 종류의 어파가 속해 있다.
① 게르만어파(영어·독일어 등)
② 라틴어파(프랑스어·에스파냐어 등)
③ 슬라브어파(러시아어·폴란드어 등)
④ 인도어파(힌디어·벵골어 등)
(2) 셈·함 어족(아프로-아시아 어족): 북아프리카와 남서아시아 등에 분포한다.
① 셈어파(아라비아어·유대어 등)
② 함어파(이집트어·베르베르어 등)
(3) 우랄·알타이 어족: 유럽의 일부와 아시아에 분포한다. 우랄 어족과 알타이 어족으로 나누는 것이 일반적이다.
① 우랄어파(핀어·헝가리어 등)
② 알타이어파(퉁구스어·몽골어 등)

그 밖에 한국어·일본어 등이 계통이 확정되지 않은 채로 있다.
(4) 중국·티베트 어족: 중국, 동남아시아 등에 분포한다.
   ① 티베트-버마어파(티베트어·버마어)
   ② 중국어파(중국어)
   ③ 타이어파(샴어)
(5) 오스트로네시아 어족: 타이완, 필리핀, 말레이시아, 인도네시아, 폴리네시아 등에 분포한다.
   ① 말레이-인도네시아어파(말레이어, 인도네시아어, 파푸아어 등)
   ② 폴리네시아어파(오스트레일리아어)

1.2.2. 주요 언어

세계에서 여러 지역에서 혹은 많은 사람들이 사용하는 주요 언어[1]는 영어, 프랑스어, 독일어, 스페인어, 포르투갈어, 러시아어, 중국어 등이라고 할 수 있다. 사용되는 지역은 대체로 다음과 같다.

① 영어: 국제적인 공용어로서 상업어, 외교어, 학술어로 사용된다. 영국·미국, 캐나다, 호주, 인도, 필리핀, 뉴질랜드 등에서 사용한다.
② 독일어: 독일·오스트리아스위스에서 사용한다.
③ 프랑스어: 프랑스·캐나다스위스, 아프리카 등에서 사용한다.
④ 에스파냐어: 영어·프랑스어 다음가는 국제어로, 스페인과 대부분의 라틴아메리카에서 사용한다.
⑤ 포르투갈어: 포르투갈·브라질에서 사용한다.

---

[1] 언어의 특징 그 자체를 따져 '주요 언어 내지는 비주요 언어'라는 표현은 할 수 없는 것이다. 여기서는 그 언어를 사용하는 인구의 수로 표현하였다.

⑥ 러시아어: 러시아를 비롯하여 옛 소련 지역에서 사용되고 있다.
⑦ 중국어: 사용 인구가 많고 방언도 많다. 중국·타이완·동남아시아에서 사용된다.

1.2.3. 한국어

가. 한국어 사용 인구

1998년에 쓰인 Andrew Dalby의 〈Dictionary of Languages〉에 의하면 한국어의 사용 인구는 6천 3백만 정도가 된다. 이 사용 인구의 숫자는 중국어(11억 2500만), 영어(3억 5천), 스페인어(2억 2500만), 아라비아어(1억 6500만), 벵갈어(1억 8000만), 러시아어(1억 7500만), 포르투갈어(1억 5500만), 독일어(1억 2000만), 일본어(1억 2000만), 프랑스어(7천만)에 이어지는 것이다.

이후에도 여러 학자들이 세계의 인구와 언어를 정리하는 작업을 하였는데, 대체로 한국어를 사용하는 인구의 순위는 대략 5,000개 내외로 추정되는 전체 언어 중에서 12위 내지는 13위인 것으로 나타나고 있다.

나. 한국어의 확산

미래의 지구에는 몇 개의 언어가 사용되고 있을까? 그중에 한국어는 포함되어 있을까? 이에 대한 확답은 현재 할 수 없는 상황이다. 하지만 확실한 사실 중의 하나는 21세기 현재 한국어가 배우고 싶은 언어 중에서 높은 위치를 차지하고 있고, 한국어를 사용하는 인구가 늘어나고 있다는 점이다.

미국에서는 한국 교포들을 중심으로 2세에게 한국어를 적극적으로 가르치고자 하는 열의에 힘입어 1,000개 내외의 주말 한글 학교가 운영되고 있고, 수십 개의 중등학교에서 한국어를 외국어로 가르치고 있으며, 한국어 강좌를 설립한 대학도 그 수를 헤아리기 힘들 정도이다. 이러한 사정에 힘입어 미국 대학 입시에 한국어가 채택되고 있고, 고교와 대학 간 학점 연계제를 실현하여 고교에서 고급 한국어를 확산시키기 위해 미국의 한국어진흥재단이 힘쓰고 있는 것은 대단히 고무적인 일이다.

중국과 일본에서의 한국어에 대한 열풍은 가히 폭발적이다. 중국의 대학에서 한국어를(조선어과 등 학과 이름 무관) 가르치고 있는 대학은 2011년에 200곳을 넘어섰다. 200명 이상의 대학교수들이 회원으로 구성된 학회가 매년 열리고 있으며, 한국어에 대한 교육과 학습의 단계를 넘어서서 한국어의 연구와 교육의 단계에 본격적으로 진입하고 있는 실정이다. 일본에서도 (조선어와 한국어에 대한 미묘한 관계가 있지만) 한국어를 배우고자 하는 사람들의 숫자가 폭발적으로 늘어나고 있다는 사실은, NHK에서 한국어 교육 방송을 하고, 이에 관한 방송 교재가 폭발적인 판매 부수를 기록했다는 사실이 증명해 준다.

동남아에서의 한국어 교육 역시 폭발적으로 증가하고 있는 추세다. 필리핀, 태국, 인도네시아, 말레이시아, 베트남 등 중요 동남아 국가 대학에서는 예외 없이 한국어과가 추가로 개설되고 있으며, 교포 자녀들을 위한 한글 학교도 성황리에 발전하고 있는 중이다.

지구상 곳곳에서 한국어가 확산되고 있는 이러한 긍정적인 현상을 계속 유지시킨다면, 한국어는 미래에 또 하나의 세계 국제어의 위치를 차지하게 될 것이다.

제2절 한국어의 계통

2.1. 계통연구란?

　오늘날 지구상에는 약 50억 내지 60억 정도의 인간이[2] 약 3,000 내지 6,000개 정도의 언어를[3] 사용하고 있다고 한다. 이렇게 많은 언어들의 기원을 따져서 하나의 조상으로부터 갈라져 나왔을 것이라고 짐작되는 언어를 하나의 가족처럼 묶는 작업이 언어의 계통을 밝히는 작업이다. 언어를 계통적으로 분류하기 위한 방법으로는 비교 방법을 사용한다. 비교 방법이란 하나의 언어와 다른 언어의 음운과 문법 그리고 어휘의 공통점을 찾아내어 그것들의 기원적인 대응 관계를 증명함으로써 대상의 언어가 하나의 조상되는 언어로부터 변화하였는가 하는 문제를 밝히는 방법이다. 대응 관계는 대체로 기초 어휘의 대응, 음운 체계의 대응, 문법 체계의 대응 등으로 나누어 고찰할 수 있다.

2.2. 서구인의 연구

　19세기 비교언어학의 발달로 인도·유럽 어족이 확립되고, 이후 지구상

---

[2] 2023년의 세계 인구는 거의 80억 5천 명에 육박하고 있다.
[3] 이렇게 차이가 많이 나는 이유는 인간의 언어가 제대로 정리되지 못하고 있기 때문이다. 조사 자체가 제대로 되지 못한 것도 요인이 되겠지만, 다른 언어로 보아야 할지 한 언어의 방언으로 보아야 할지에 대한 기준이 마련되어 있지 못하기 때문인 것도 한 요인이 된다.

에 존재하는 언어들의 계통적 분류 작업이 이루어졌다. 한국어의 계통에 관한 연구는 19세기 후반부터 시작되는데, 본격적인 연구는 Polivanov, Ramstedt 등에 의해서 이루어졌다고 할 수 있다. 특히 주요한 연구는 Ramstedt에 의해 이루어졌는데, 그는 1952년과 1957년 그리고 1966년에 세 권의 『알타이어학 개설』을 써서 한국어가 알타이 어족의 일원임을 주장하게 된다. 그 후 Poppe(1950, 1960) 『알타이제어 비교문법』에서 한국어가 알타이 제어에 속하는 것이 확실하지 않다고 하더라도 적어도 기층에는 확실히 있다고 주장했다. 그리고 1965년의 『알타이어학개설』에서는 다음과 같은 주장을 하게 된다. (1) 한국어는 알타이제어와 친근 관계가 있을 수 있다. (2) 원시 한국어는 알타이 통일체가 존재하기 전에 분열했을는지도 모른다. (3) 한국어에는 알타이어 기층밖에 없다.

2.3. 알타이 어족설

알타이 어족설과 비알타이 어족설의 절충점을 찾았던 Poppe와 달리 한국어가 알타이 어족에 속한다는 주장이 계속 나오게 되는데, 한국 학자로는 이기문(1967, 1987)이 대표적이다. 이기문(1967, 1987)의 주장과 이기문(1991)에 정리되어 있는 것에 의하면 한국어와 알타이제어의 공통 특성은 (1) 모음조화가 있다. (2) 어두의 자음이 제약을 받고 있다. (3) 교착성을 보여 준다. (4) 모음교체 및 자음교체가 없다. (5) 관계대명사 및 접속사가 없다. (6) 부동사(副動詞)가 있다. 등등의 6가지이다.[4] 이러한 주장을 바탕으로 이기문 선생은 한국어와 알타이 조어와의 관계를 다음과 같이 설정하고 있다.

---

[4] 이에 대한 구체적인 설명은 이기문(1998) 23-25쪽 참고.

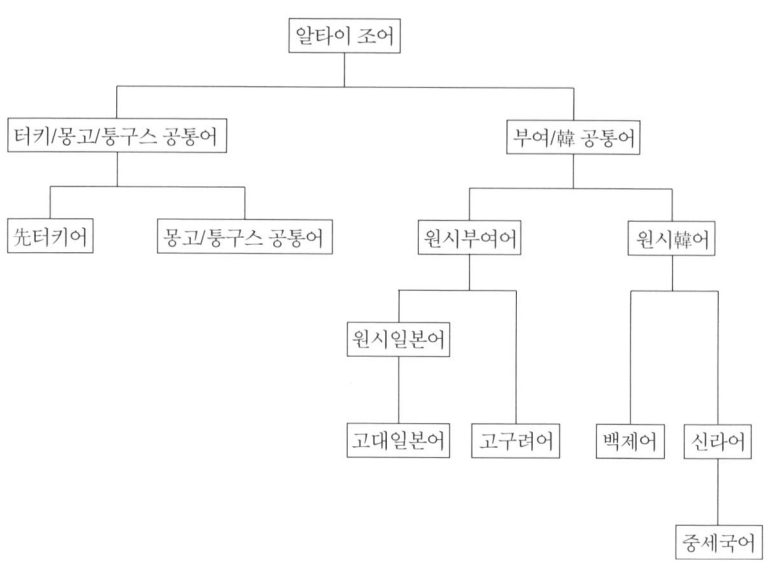

　　한국어를 알타이 어족에 포함시키는 연구는 서구에서도 계속되는데, 이런 부류에는 롤런도 포함된다. 롤런은 패트리(J. Patrie, 1982, The Genetic Relationship of the Ainu Language)의 의견을 받아들어 알타이 어족을 다음과 같이 분류하고 있다.

언어 이름	언어 수	사용 인구	분포 지역	주요 언어
알타이 제어	63	2억 5천	아시아	
튀르키 제어	31	8천만	터키, 옛 소련, 이란	터키어, 우즈벡어, 위구르어, 아제르바이잔어, 투르크멘어, 타타르어, 카자흐어, 키르기스어, 추바시어, 바시키르어
몽고 제어	12	3백만	몽고, 중국, 옛 소련	할하어
퉁구스 제어	16	8만	중국, 옛 소련	만주어, 어윈키어
한국어	1	5천 5백만	한국	한국어
일본 류큐어	2	1억 1천 5백	일본	일본어
아이누어	1	거의 없음	일본 북부, 사할린	아이누어

이에 의하면, 한국어의 계통은 알타이 어족이고, 사용 인구는 1980년대 초반에 대략 5천 5백만 정도인 것으로 나타난다.[5]

이러한 주장에 반대되는 의견도 있다. Street(1962)는 알타이어 공통 조어 이전에 존재했던 북아시아 조어에서 한국어가 먼저 분파되었으므로 한국어는 알타이 어족이 아니라고 한다.

이러한 Street(1962)의 주장은 다음과 같은 도표에서 알 수 있다.

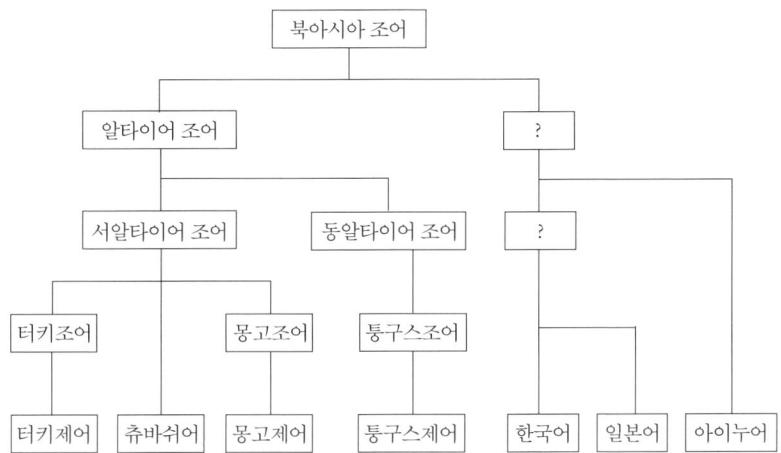

이와 유사한 주장은 김방한(1976, 1996), 최기호(1994) 등에서도 볼 수 있다.

---

[5] 이보다 좀 더 뒤인 1998년에 Andrew Dalby의 〈Dictionary of Languages〉에서는 한국어의 사용 인구를 6천 3백만 정도로 추정하고 있는데, 이 순위는 중국어(11억 2500만), 영어(3억 5천), 스페인어(2억 2500만), 아라비아어(1억 6500만), 벵갈어(1억 8000만), 러시아어(1억 7500만), 포르투갈어(1억 5500만), 독일어(1억 2000만), 일본어(1억 2000만), 프랑스어(7천만) 등에 이어지는 것이다.

이 이후에도 여러 학자들이 세계의 인구와 언어를 정리하는 작업을 하였는데, 대체로 한국어를 사용하는 인구의 순위는, 대략 5,000개 내외로 추정되는 전체 언어에서 12위 내지는 13위인 것으로 나타나고 있다.

제3절 한국어(언어 공동체)의 생성과 시대 구분

3.1. 언어 공동체의 생성—고조선어[6]

오늘날 우리 민족이 사용하고 있는 한국어는 언제 그 정체성이 확보되었을까? 우리 민족의 최초의 지도자는 단군으로 나타나는데, 이와 관련된 언어적인 기록은 아무것도 가지고 있지 못하다. 이 당시에는 문자가 없었기 때문에 그 기록을 남기지 못했을 것으로 짐작된다. 즉 아득한 옛날 우리 조상이 되는 종족의 언어 공동체의 정립이 어떻게 이루어졌는지 확인할 수 있는 길이 없는 것이다.

하지만, 당시의 정황적인 증거로 몇 가지 추론은 가능하다. 즉 고조선[7]의 실체에 대해서는 달리 증명할 문제이지만, 그 언어에 대해서는 증거로 남아 있는 것이 없기에, 국가로서 존재했다는 사실을 확인하고 국가와 관련된 고유 명사나 관직명 혹은 관련 자료 등을 통해 언어에 관한 추론을 할 수 있다는 의미이다. 그 언어적인 자료는 삼국유사에 편린으로 남아 있다. 그것은 고조선의 시조 왕이 '檀君 王儉'이고, 도읍지가 '阿斯達'이며 나라 이름이 '朝鮮'이라는 것이다. 이런 정도의 고유 명사로 고조선의 언어 상태를 짐작하는 것은 불가능한 일이지만, 상상의 나래는 펼쳐 볼 수 있다. '檀'의

---

[6] 여기서는 통상적인 국가 이름으로 '고조선'을 사용한다. '고조선'이란 후세 사람들이 역사적인 구분을 위해 사용하는 것이지, 당대의 사람들이 자기 국가 이름을 '고(古)'를 사용했을 리는 없다.

[7] 옛날 국가의 이름은 고조선이 아니라 조선이었을 것이다. 단군 조선, 위만 조선, 기자 조선 등으로 불리는데 이들은 왕조의 변화를 일컫는 것이고, 고조선이라는 이름은 14세기에 건국한 국가의 이름과 비교하여 '고' 자를 붙인 것이다. 본고에서는 통상 부르는 국가명을 편의상 따르는 것이다.

훈 '박달나무'의 첫 부분과 신라 시조의 성 '박'을 관련지어 볼 수 있고, '왕검'의 '儉'은 역시 신라어의 '금(尼師今)'과 관련지어 생각해 볼 수 있다. '아사달'의 '달'은 고구려어의 '달(山)'과 관련지어 생각해 볼 수 있고, '아사'는 일본어의 '아사(아침)'과 관련지어 볼 수 있다. 이로써 상상의 나래를 펴면 고조선어는 한반도의 북부와 만주 지방에 있던 고구려어, 한반도의 남쪽에 있던 신라어, 그리고 일본어의 기원이 되는 어떤 언어가 아니었을까 하는 짐작을 해 볼 수 있는 것이다.

고조선은 뒤에 지배 계층이 바뀌면서 위만 조선과 기자(箕子) 조선으로[8] 이어지게 된다. 한반도와 만주 일대에 그 영향을 행사하였을 것으로 짐작되는 이 세력은 중국의 세력에 밀려 일부는 남쪽으로 이동하고, 일부는 만주에 남아 언어 분화의 길을 가게 된다. 즉 지금의 평양 부근에 한사군의 핵심 세력이었던 낙랑군이 위치하였으므로, 남쪽과 북쪽의 교류를 막게 되고 이것은 바로 언어의 분화로 직결되게 된다. 즉 서남부 만주 지역과 한반도의 평양을 중심으로 한 인근 부근에 중국의 식민 통치가 이어지면서, 한강 이남의 남부 지역과 압록강 이북의 만주 지역 사이에는 서로 간의 교류가 약 400년 정도[9] 분화의 길을 가게 되는 것이다.

서력 기원 전후에 고대 한반도와 만주의 일대에 존재했던 종족의 언어 상황을 말해 주는 중국 측의 기록에 의하면 당시에 이 일대에는 대체적으로 세 개의 언어군이 있었다는 것을 알 수 있다. 중국에서 편찬된 삼국지 위지 동이전(289년경)에 의하면 부여계, 한계, 숙신계의 세 언어가 있었다는 것을 알 수 있다.

---

8 箕子(기자) 조선의 '箕子'는 백제어에서 왕을 뜻하는 '吉支'와 통할 수 있는 말이다.
9 한사군이 설치되는 B.C. 108년부터 평양 부근에 있던 낙랑군이 멸망하는 A.D. 313년까지 이 상황은 지속된다.

3.2. 한국어 역사(국어사)의 시대 구분

3.2.1. 개관

시간이란 끊임없이 그리고 변화 없이 흘러가는 것이다. 천체의 물리적인 시간이란 오늘은 어제의 연속으로 그리고 내일은 오늘의 연속으로 흘러가고 있는 것이다. 천체의 물리적인 시간 속에서 특정한 사건이나 사물 혹은 개체가 생성하고 변화하고 소멸하는 과정을 역사라고 한다. 한국어의 역사란 한국어 자체적으로 혹은 외부와의 접촉에 의해 한국어가 변화하는 모든 과정(생성, 변화, 소멸)을 일컫는 것이다. 이러한 역사는 옛 문헌의 기록에 바탕을 두고 서술되기도 하고, 인간이 만든 학술적인 방법에 의해 추정되기도 한다.[10] 그리고 한 개체의 역사는 그 개체의 독자적인 변화의 과정으로 기술되기도 하고, 하나의 존재는 다른 개체와의 연관 속에서 전체적인 체계를 이루고 있으므로 전체적인 체계를 중심으로 기술되기도 한다. 또 때로는 이 둘의 조합으로 둘을(혹은 그 이상을) 상보적인 시각에서 기술하기도 한다.

개별적인 개체나 전체적인 체계가 생성하거나 소멸하거나 혹은 존재의 도중에 큰 변화가 있어서 이전의 존재 혹은 체계와 확연히 구별이 될 때, 개체 혹은 체계가 존재했던 역사를 구분하여 이해하기도 한다. 다시 말해 각 시대에 존재하고 있던 언어의 개별적 구성 요소가 변화하거나, 한 구성 요소와 다른 구성 요소의 관계가 변화하거나, 그 구성 요소가 다른 구성 요소와 결합하여 생성하는 상위의 구성체가 변화하게 되면, 언어의 시대별 특성이 달라지는 것이므로 시대를 구분하게 되는 것이다. 시간은 양적으로 균등하게 연속하지만[11] 질적으로 동질성을 공유하는 시대와 그렇지 못

---

10 이른바 역사비교언어학의 방법으로 지칭되는 '재구'가 그것이다.

한 시대를 구분하여 역사를 인식하는 것이다.

3.2.2. 시대 구분의 방법론

가. 분류 방법

시대 구분의 분류는 우선 몇 가지로 하는 것이 가장 적절한가 하는 문제가 논의되어야 할 것이다. 이러한 문제의 고민은 언어의 역사적 변화에 있어서 가장 작은 구성 요소에서부터 이를 아우르는 중분류와, 중분류를 아우르는 대분류에 이르기까지 각각의 사안에 따라 구분하여 논의되어야 할 것이다. 예를 들면 경어법을 나타내는 '-슣-'이 개별적으로 변화하는 과정을 개별 단위로서 시대 구분할 수 있고, 이를 경어법의 체계 속에서 논의할 수 있고, 또한 문법 체계의 변화와 관련하여 시대 구분이 논의될 수 있을 것이다. 분류의 기준은 대체로 이분법, 3분법, 4분법, 5분법 등으로 나누어 볼 수 있을 것이다. 이러한 분류 기준으로 국어사를 시대 구분한다면 대체로 다음과 같이 될 것이다.[12]

    이분법: 고어와 현대어
    3분법: 고대 중세 현대
    4분법: 고대 중세 근대 현대
    5분법: 상고 중고 중기 근대 현대

이러한 분류 기준은 국어사를 구성하는 개개 항목이나 전체적인 체계 등에 일률적으로 적용될 수는 없을 것이다. 사안에 따라 2분법이 적당할

---

[11] 100년 전의 일 년이나 10년 전의 일 년이나 올해의 일 년이나 모두 시간적인 길이가 동일하다는 의미이다.
[12] 시대 구분할 때의 용어는 국어사하는 분들이 사용했던 용어를 따온 것이다.

수도 있고, 3분법이나 그 외의 것이 적당할 수도 있을 것이다. 예를 들어 선어말 어미 '-겠-'의 역사를 따진다면 '-겠-'이 존재하지 않던 시기와 존재하는 시기 등 2분법으로 시대 구분하는 것이 적당할 것이고, 선어말 어미 '-슬-'의 형태에 관한 역사를 논의한다면 '-슬-'의 형태로 존재하던 시기, 'ㅸ'이 없어지고 'ㅿ'만 존재하던 시기, 'ㅿ'마저 없어진 시기 등 3분법으로 시대 구분하는 것이 적당할 것이다. 이들의 시대 구분은 전체 역사의 시대 구분을 어떻게 하는 것에 관계없이, 개개 구성 요소의 시대 구분으로서 독자적인 유효성을 유지하게 될 것이다.

나. 시대 구분의 준거점 정립: 일반과 개별의 문제

국어사의 시대 구분을 하기 위해 우선 고려할 점은 상위 개념과 하위 개념을 어떻게 조화시키느냐 하는 문제이다. 이 문제는 크게 두 문제로 구분될 수 있는데, 하나는 한국사의 기대 구분과 방언사의 시대 구분을 조화시켜야 하는 문제이고, 다른 하나는 국어사와 방언사를 어떻게 조화시키느냐 하는 문제이다. 이에 대한 방법론적 논의는 아직 미비한 상태이고, 현재는 중앙어 중심의 언어사 중심으로 하고 있는 상황이다.

국어사의 시대 구분에 있어서 고려되어야 할 점은 언어의 구성 요소 음운, 문법, 어휘 등의 시대 구분을 어떻게 조화시킬 것인가 하는 문제이다. 이 문제 역시 아직 제대로 논의되지 못한 상황이다. 구성 요소별 시대별 변화사가 아직 제대로 정립되지 못했기 때문인데 이 역시 앞으로의 과제로 남는다.

두 번째 제기한 문제와 관련된 것으로 인식 방법의 조화를 꾀할 수 있을까 하는 문제이다. 지금까지의 논의는 시대 구분을 먼저하고 이때의 모음 체계는 어떠어떠했다 라는 식으로 기술되고 있다. 시대구분에 대한 연역식 결론이 각각의 구성요소의 설명에 적용되고 있는 것이다. 연역과 귀납의 조화 이 역시 앞으로 고민해야 할 과제로 남아 있다.

다. 언어사와 언어외사의 구분

국어사의 시대 구분이 문자 그대로 국어사의 시대 구분이 되기 위해서는 국어사의 변화를 중심으로 기술되어야 한다는 것은 당연한 요청이다. 정치적인 상황이나 변화 등이 언어의 변화에 중요한 변수로 작용할 수도 있고, 한자의 수용이나 훈민정음의 창제 등 문자 생활의 변화가 국어의 역사에서 특히 국어 생활의 역사에서 중요한 사건으로 기록될 수 있으나, 이것은 어디까지나 주변적인 문제이다. 정치적인 변화가 국어의 변화에 중요한 영향을 끼쳤을 때 그것이 시대 구분의 한 획으로 작용한 변수로 기록될 수는 있지만, 그렇지 못할 경우 이것은 언어사에서 언급될 사항은 아닌 것이다. 문자의 사용 역시 국어의 변화에 중요한 변수로 작용할 수 있지만, 이것 자체가 언어의 변화를 촉발하거나 언어를 획기적으로 변화시킬 수 있는 요인으로 작용하지 않는 한 국어사의 시대 구분에서 논의될 사항이 아니다. 문자의 사용이 언어의 변화에 큰 영향을 미칠 수 있지만, 예를 들어 문자 혹은 문자의 표기 등이 가지고 있는 보수성은 언어 변화의 속도에 큰 영향을 끼칠 수 있지만, 언어의 역사는 언어 변화의 역사이지 문자의 역사가 아닌 것이다.

라. 전체와 개별의 구분과 조화

국어사는 문자 그대로 국어 전체의 변화를 기술하고 설명하는 것이어야 하고, 국어사의 시대 구분도 국어 전체의 변화를 토대로 이루어져야 할 것이다. 그러나 개별 방언이 방언 나름대로의 체계를 가지고 있다면, 개별 방언사는 독자적으로 기술되어야 한다. 이러한 논리를 확대하면 국어사는 독자성을 가진 개별 방언사의 총체적 합이어야 한다는 결론을 이끌어 낼 수 있다. 그러나 현재의 국어사 연구가 처해 있는 사항을 고려하면 이것은 불가능한 일이다. 언어사를 추론할 수 있는 문헌 자료가 중앙어의 반영에 집중되어 있기 때문에 개별 방언사의 기술이 불가능하고, 이것은 개별 방언사의 종합을 하나의 이상으로 머물게 하기 때문이다. 그러므로 국어사의 시대 구분은 중앙어를 중심으로 하고 필요할 경우 밝혀진 방언사를 고려하는 수준에서 머무를 수밖에 없는 상황이다.

마. 연역과 귀납의 조화

존재하는 모든 것은 쉬임 없이 변화해 간다. 동시에 변화의 속도는 각 시대마다 차이가 있을 수밖에 없다. 그래서 변화의 폭에 따라 비슷한 시대와 차이 나는 시대를 구분한다면, 시대의 변화 폭에 따라 시대 구분이 필요하다는 것은 연역적인 것으로 받아들일 수 있을 것이다.

그런데 시대 구분이라는 것은 선험적인 것으로 받아들인다 하더라도 그것의 구체적인 작업은 시대의 변화 폭에 따라야 하는 것이기 때문에 철저히 귀납적·경험적이어야 한다는 것도 받아들여야 할 것이다. 지나간 역사를 재구함에 따라 현저한 변화가 있을 경우 그에 따라 시대 구분이 이루어져야 할 것이기 때문이다.

3.2.3. 시대 구분에 관한 기존의 논의

국어사의 시대를 최초로 구분한 논의는 김형규(1955)가 될 것이다. 여기에서는 국어사의 단계를 2단계로 나누고, 시대 구분의 준거점을 '훈민정음 창제'로 두고 있다. 그리고 두 번째 단계인 조선 시대 이후를 5단계로 하위분류하고 있다. 그리고 이의 수정판이 김형규(1962)이다. 여기서는 국어사의 시대 구분을 언어외사인 정치사와 연관하여 논의하였다. 구체적인 예는 다음과 같다.

〈김형규(1955)〉
훈민정음 이전: 신라 시대, 고려 시대

훈민정음 이후: 조선 초기: 세종 세조
조선 중기~성종 이후 임진란까지
조선 후기~임진란 이후 경종까지
조선 말기~영조 이후 갑오경장까지
현대~갑오경장 이후

〈김형규(1962)〉
상대어(신라)   934
중고어(고려)   935~1391
중기어(이조 전기)   1392~1591
근대어(이조 후기)   1592~1893
현대어   1894

이기문(1961)에서는 국어사의 시대 구분을 고대, 중세, 근대, 현대 등의 4단계로 하고, 중세와 근대를 전기와 후기로 하위분류하고 있다. 중세 국어를 중앙어의 이동을 보이는 고려의 건국에 시작하여 전란으로 민족의 대이동이 있었던 임진란이 있었던 시기까지로 잡은 것이 특징이다. 구체적 예는 다음과 같다.

〈이기문(1961)〉
고대 국어
중세 국어 전기: 고려 초~훈민정음 이전
         후기: 훈민정음 편찬~16세기 말
근대 국어 전기: 17세기 초~18세기 후반(영조 시대까지)
         후기: 그 후
현대 국어

최범훈(1985)에서는 국어사의 시대 구분을 6단계로 하고 있다. 이기문(1961)과 비교하면 이기문(1961)의 고대 국어 이전 단계로 '형성기 한국어'를 설정하고, 이기문(1961)에서 중세 국어의 하위분류로 설정되었던 전기 중세 국어와 후기 중세 국어가 중고 한국어와 중세 한국어로 상위에 편성된 차이가 있다.

〈최범훈(1985)〉
형성기 한국어: 3국이 정립하기 이전
고대 한국어: 3국의 정립~통일 신라까지
중고 한국어: 고려~훈민정음 창제
중세 한국어: 훈민정음 창제~임진란까지
근대 한국어: 임진란~갑오경장까지
현대 한국어: 갑오경장 이후

박병채(1989)에서는 국어사의 시대 구분을 4단계로 하고 있는데, 가장 큰 특징은 고대 국어의 시기일 것이다. 고대 국어를 전기와 후기로 구분하는데 전기 고대 국어는 삼국 시대, 통일 신라 시대, 고려 시대를 아우르면서 12세기 초반 계림유사의 편찬까지로 설정하고 있다.

〈박병채(1989)〉
고대 국어 전기: ~1103(계림유사 이전)
    후기: 1103~훈민정음 창제
중기 국어: 1443~1598 (훈민정음 창제~임진왜란 종결)
근대 국어: 1598~1894 (임진왜란 종결~갑오경장)
현대 국어: 1894~ (갑오경장 이후)

홍윤표(1994)의 시대 구분은 이기문(1961)과 거의 동일하다. 차이 나는 점은 중세 국어의 전기와 후기가 갈라지는 시기를 이기문(1961)에서는 훈민정음의 창제 시기를 잡은 반면 홍윤표(1994)에서는 13세기와 14세기의 교체기로 잡고 있는 점이다. 홍윤표(1994)의 시대 구분은 다음과 같다.

〈홍윤표(1994), 근대국어 연구(1)〉
고대 국어: ~9세기 말(삼국, 통일 신라 시대)
중세 국어: 전기(10세기~13세기 말)(고려 시대)
　　　　　 후기(14세기~16세기 말)
근대 국어: 전기(17세기~18세기 중반)
　　　　　 후기(18세기 중반 이후~19세기 말)
현대 국어: 20세기 초~현대

제4절 한국어의 표기

4.1. 한자의 차용과 표기

단군 조선에 의해 언어공동체가 만들어진 후 언어를 표기할 문자 없이 생활하였을 것으로 추정된다. 이후 중국과 접촉을 하게 되면서 중국의 한자를 차용하여 우리말을 표기하기 시작하는데, 그 시작의 시기는 언제였을까, 표기 방식은 어떻게 시작하여 어떻게 변화해 갔을까 하는 문제는 현재 수수께끼로 남아 있는 상태이다. 현재 문헌으로 확인할 수 있는 고대국어부터의 표기는 한자의 직수입 사용, 중국식 변용 사용, 한자의 창조적 변용 등으로 나누어 볼 수 있다. 우리말을 표기하는 데 사용된 한자는 그 용법에 따라 음독, 음차, 훈독, 훈차 등으로 나누어 볼 수 있는데 음독은 한자의 직수입 사용에 해당되고, 음차는 중국식 변용 사용에 해당되고, 훈독과 훈차는 한자의 창조적 변용에 해당된다. 각각의 예를 간단하게 제시하면 다음과 같다.

'學, 文' 등을 '학, 문'으로 읽고, '배우다, 글월' 등으로 해석하는 것은 음뚝에 해당된다. '古, 乙' 등을 '고, 을' 등으로 읽고 연결어미, 격조사 등으로 사용한 것은 음차에 해당된다. '是'를 '이'로 읽고 주격조사로 사용하는 것은 훈차에 해당된다.

음독은 중국의 한자를 빌어 우리말처럼 사용하는 것이고, 음차는 중국에서 외국어의 표기를 위해 사용하던 방식이고, 훈독과 훈차는 우리 조상들이 한자를 빌어 우리말을 표기하기 위해 창조한 방식인 것이다.

4.2. 훈민정음의 창제

15세기 당시 조선에서는 새로운 문자가 창조된다. 이 문자는 조음 위치와 조음 방식을 고려하여 창제된 것으로 인류의 문자사를 새롭게 한 것이다. 인류는 지금으로부터 7,000년 전후에 상형문자인 뜻과 음을 동시에 가지고 있는 단어문자를 만들어 사용하게 된다. 이후 인간들은 기원전 1,000년 이전에 자음으로 음절을 나타내는 문자를 만들고, 음다. 기원전 1,000년 경에 음소를 표기하는 그리스 문자가 만들어진다. 그 후 15세기에 조선에서 조음방식과 조음위치를 고려한 세계 최초의 자질문자가 탄생하게 되는 것이다.

당시의 훔민정음에는 우리말의 표기를 어떻게 할가 하는 고민이 엿보이는데, '엱의갖'을 '엿의갓'으로 표기한다는 내용은 본래의 기저형은 '엱의갖'이지만, 표기는 기저형대로 하지 않고 소리나는 대로 표면형인 '엿의갓'으로 표기한다는 것이다.

새로운 문자를 창제한 훈민정음 창제자는 우리말의 표기를 소리 나는 표기한다는 원칙을 세우는 것이다. 이러한 표기 방식은 새로운 표기법을 정비할 때까지 지속된다.

4.3. 표기법의 정비

표기법에 관한 논의는 19세기 초반에 유희 선생(언문지, 1824)이 제기한 바 있으나 논의가 제대로 되지 못했고, 개화기에 우리 글이 '국문'으로 호칭되면서 본격적으로 논의를 시작하여 1933년 한글맞춤법이 통일안이 만들어지게 되고, 그 원칙은 지금까지 이어지고 있다. 그 근본적인 원칙과 관련하여 간단하게 덧붙이면 다음과 같다.

'끓-'이라는 용언이 활용할 때 그 발음이 '끌코, 끄러'로 되지만 표기는 '끓고, 끓어'로 한다. 동일하게 '값'의 경우 '갑또, 갑시, 감만'으로 발름하지만 '값도, 값이, 값만'으로 표기한다. 그런데 '덥-'의 경우 '덥고, 더워'로 표기하고, '잇-'의 경우 '잇고, 이어라' 등으로 표기한다. 전자는 그 기본형대로 표기하는 형태음소적 표 방식을 취하고 있고, 후자는 발음하는 대로 표기하는 음소적 표기 방식을 취하고 있는 것이다.

표기의 방식에는 상반된 두 가지가 있는데, 하나는 기본형을 밝혀 적는 것을 '형태음소적 표기'이고, 다른 하나는 발음하는 대로 적는 '음소적 표기'인데, 우리 표기방식은 두 원칙을 혼용(?)하고 있는 것이다.

그 혼용(?)은 뚜렷한 원칙에 의해 채택된다. 현재의 발음하는 사람들이 당연히 예측할 수 있으면 다시말해 발음이 혼란될 위험성이 없으면, 현학적인 표현으로 공시적인 음운 규칙으로 설명될 수 있으면 형태음소적 표기를 채택하고, 반면에 '덥어라'라고 표기할 경우 '더워라'라는 발음을 예측할 수 없으면, 다시말해 공시적인 음운 규칙으로 설명할 수 없으면 음소적 표기를 채택하고 있는 것이다.

현재 우리가 사용하고 있는 한글 맞춤법은 상반된 두 원칙─형태음소저 표기와 음소적 표기를 적절한 원칙─음운 규칙의 공시성과 비공시성의 쵠칙 아래 조화를 이루고 있는 것이다.

제5절 한국어의 역사

5.1. 언어 공동체의 분화

대략 지금부터 5,000년 전 내외에 생성되었던 언어 공동체—조선은 지배자의 성격에 따라 단군 조선, 기자 조선,[13] 위만 조선으로, 중국을 통일한 한 나라의 침범을 받아 기원전 108년에 멸망하였다. 이후 한나라는 한반도와 만주 일대에 한사군을 설치하게 되고, 우리 조상은 북쪽의 부여계와 남쪽의 한계로 나누어지게 된다.

5.1.1. 부여계

한반도의 북쪽이자 고구려의 북쪽, 읍루의 서쪽, 그리고 선비의 동쪽에는 부여가 있었는데, '마가, 우가, 저가, 구가' 등의 가축 이름으로 관직명을 사용하였다고 한다.(夫餘在長城之北 去玄菟千里南與高句麗 東與挹婁 西與鮮卑接 北有弱水 方可二千里 戶八萬云云 國有君王 皆以六畜名官 有馬加牛加猪加狗加 : 三國志 魏志 東夷傳)

고구려는 요동반도의 동쪽, 옥저의 서쪽, 부여의 남쪽에 위치하였는데, 고구려의 언어는 부여와 많은 것이 일치하였다고 한다.(高句麗在遼東之東千里 男女朝鮮濊貊 東與沃沮 北與夫餘接 都興丸都之下 方可二千里 戶三萬云云 東夷舊語 以爲夫餘

---

13 '기자'의 실체에 대해서는 여러 가지 학설이 있으나 기자가 중국의 은나라와 주나라의 교체기인 기원전 1100년경에 한반도와 만주 일원을 지배하였던 국가의 군주가 된 것에는 대체로 일치하는 것 같다.

別種 言語諸事多與夫餘同 : 三國志 魏志 東吏傳)라고 하고 있다.

그리고 개마고원의 동쪽, 읍루부여의 남쪽, 예의 북쪽에는 동옥저가 있었는데, 동옥저의 언어는 고구려와 대동소이하였다고 한다.(東沃沮在高句麗蓋馬大山之東 濱大海而居 其地形東北狹西南長 可千里 北與挹婁夫餘 南與濊貊接 戶五千 云云 其言語與句麗大同時時小異 : 三國志 魏志 東吏傳)

고구려와 옥저의 남쪽, 진한의 북쪽에는 예가 있었는데, 예의 언어도 고구려와 대체적으로 같았다고 한다.(濊南與辰韓 北與高句麗沃沮 云云 戶二萬 云云 其耆老舊自謂 與句麗同種 云云 言語法俗大抵與句麗同 : 三國志 魏志 東吏傳)

이러한 기록에 의하면 부여, 고구려, 동옥저, 예가 하나의 어군을 형성하고 있었음을 알 수 있다.

5.1.2. 한계

한반도의 남쪽에는 마한, 진한, 변한으로 묶여지는 여러 소국들이 있었던 것으로 전한다. 이들에 대해서는 역사서의 서술이 일치하지 않는 면들도 많지만, 전체적으로 윤곽을 파악하기는 어렵지 않다. 한반도의 남부에 일찍 세력을 구축하여 토착화한 세력이 있었을 것이고, 뒤이어 바다 건너 남쪽에서도 소수의 이주민이 도래했을 것이고, 또한 북쪽으로부터도 정쟁을 피하여 혹은 목숨을 부지하기 위해 이주하는 세력이 있었을 것이다.

이러한 세력들―기존의 세력들과 이주한 세력들에 관한 기술의 차이에서 역사서의 서술이 갈라지겠지만 기본적으로 이들 지역에는 동일한 조상에서 분화한 단일어가 사용되었을 것으로 추정된다. 후에 가야와 백제 그리고 신라의 언어 관계를 비추어 보면 그보다 분화하기 훨씬 이전의 단계인 한계어가 하나의 언어권이었으리라는 것은 너무나 당연한 귀결이기 때문이다.

5.1.3. 부여계와 한계의 관계

국어의 역사를 논의함에 있어서 아주 중요한 문제 중의 하나가 이 시기에 부여계 제어와 한계 제어의 관계는 어떠했을까 하는 문제인데, 당시 동아시아의 유일한 기록인 중국의 역사책에는 이 문제에 대해 아무런 언급을 하지 않고 있다. 아무런 언급을 하지 않은 것은 지리적으로 떨어져 있는 국가들의 언어는 다른 언어를 사용하는 것이 당연한 전제로 작용하였다고 볼 수도 있는 것이다. 그러나 이들의 후예가 되는 고구려, 백제, 가야, 신라의 언어 상황을 비교해 보면 다른 결론이 나오게 된다. 뒤에서 설명하는 바와 같이 부여계를 대표하는 고구려어와 한계를 이어가는 백제어와 신라어를 비교하면 이들은 하나의 기원에서 유래한 동일한 계통의 언어였다는 결론이 가능한 것이다.

5.1.4. 인근 언어―숙신계

이 어군 외에 인근 지역에는 다른 어군이 있었다고 한다. 이 지역의 동쪽, 고구려의 북쪽에는 숙신계의 언어가 있었다고 한다. 이 중 고대 숙신에 대해서는 삼국지 위지 동이전에서 읍루에 대해 "其人形似夫餘 言語不與 夫餘句麗同(삼국지 위지 동이전 읍루)"라는 기록이나, 물길에 대해 "在高句麗北 … 言語獨異(北史 물길전)"라는 기록으로 미루어 이들은 부여나 고구려의 언어와는 그 계통을 달리하는 것으로 짐작할 수 있다.

5.2. 4국 방언의 정립―고구려어·백제어·가야어·신라어

5.2.1. 고구려어

한반도의 북쪽과 만주의 일대에서는 고구려가 부여계 제어를 대표하게 된다. 현존하는 언어 자료가 고구려의 언어 모습을 보여 주는 것밖에 없다는 사실과 이 일대의 영역을 고구려가 통치하게 되는 상황에서 빚어지는 것이다. 오늘날 남아 있는 고구려의 자료는 국내외의 역사서에 나오는 지명들인데, 그중에서도 삼국사기 지리지 권 35와 권 37에 남아 있는 고구려의 지명이 고구려의 언어 모습을 가장 잘 보여 주는 자료라고 할 수 있다.

이 자료에서 고구려어의 편린을 보면 다음과 같다. 앞에 제시되는 것은 음차자로 당시의 언어 모습을 보여 주는 것이고, ( ) 안의 형태는 이에 대응되는 훈을 한자로 적은 것이다.

(1) 於斯(橫)　　也次(母)　　皆次(王)
　　齊次(孔)　　骨衣(荒, 豊)　　波兮, 波衣, 巴衣(巖)
　　別(重)　　　首(牛)　　　古次(口)
　　功木(熊)　　波利(海)　　也尸(狌)
　　阿兮(下)

(2) 休(金)　　　屈火(曲)

위의 예들은 고구려어가 신라어를 근간으로 하는 중세 국어와 현저하게 일치했음을 보여 준다. 이것은 부여계 제어와 한계 제어가 동일한 계통의 언어였음을 보여 주는 것이다.

그러나 이러한 유사성만 있는 것이 아니라, 다음의 예들은 고구려의 언어가 한계의 언어와 상당히 차이가 났을 것임을 암시한다.

(3) 忽(城)　　　　達(高)　　達(山)　　於乙(泉)　　乃勿(鉛)

(4) 買, 米, 彌(水)　　內米(池, 長)　難隱(七)　內, 那, 奴(壤. 土)

(5) 旦, 頓, 呑(谷)　　密(三)　　于次(五)　烏斯含(兎)
屈於(紅) 難隱(七) 德(十)

(3)의 예에 나타나는 '忽'은 '재'로, '達'은 '높-, 뫼'에 대응된다. 그리고 '於乙'은 '심, 우믈' 등에 대응되고, '乃勿'은 '납'으로 나타난다. 그리고 (4)의 '買, 米, 彌' 등은 15세기의 '믈'에 대응되고, '內米'는 '낼믈'에, '難隱'은 '닐굽'에 대응되고, '內, 那, 奴' 등은 '흙, 쌓'에 대응되는 것이다. (5)의 '旦, 頓, 呑'은 '골, 실'에 대응되고, '密'은 '셋'으로, '于次'은 '다섯'에, '烏斯含'은 '톳기'에, '屈於'는 '붉-'에 '難隱'은 '닐굽'에, '德'은 '열'에 대응되는 것이다.

이들은 15세기 국어의 형태와 상당히 달라서, 한계와 관련해 그 기원을 정확하게 언급할 수 없는 어휘들인 것이다. 이러한 차이가 어휘의 소멸과 변화에 의한 것인지 기원적인 차이를 보여 주는 것인지 아직은 결론을 내릴 수 없는 것이다.

그런데 이들 중 상당한 어휘가 알타이어 혹은 일본어와 동일한 모습을 보여 주는 것이 주목된다. 우선 (4)의 예들은 고구려어가 북방계 언어 즉 알타이와의 공통성을 보여 주는 어휘로 지목되어 왔다. 이기문(1972)에 의하면, '內米'는 '海'를 뜻하는 퉁구스 제어의 namu, lamu와 비교될 수 있고, '七'을 뜻하는 '難隱'은 퉁구스 제어의 nadan과 비교된다. 그리고 '土, 壤'을 뜻하는 '內, 那, 奴' 등은 '地'를 뜻하는 만주어의 na와 비교될 수 있다.

(5)는 고구려어가 일본어와 유사한 점을 보여 주는 어휘로 지목되어 왔다. 즉 '谷(골)'을 뜻하는 '旦, 頓, 呑' 등은 같은 뜻을 가진 일본어 tani와 비교되었고, '三(셋)'을 뜻하는 '密'은 일본어의 mi와 비교되었고, '五(다섯)'을 뜻하는 '于次'는 일본어의 itsu와 비교되었다. '兎(톳기)'의 뜻을 가진 '烏斯含'은 일본어 usagi와 비교되었고, '紅(붉-)'의 뜻을 가진 '屈於'은 일본어의 kurenawi와 비교될 수 있다. 그리고 '七(닐굽)'의 뜻을 가진 '難隱'은 일본어의 nana와 비교될 수 있고, '十(열)'의 뜻을 가진 '德'은 일본어의 toewe와 비교되었다.

결론적으로 고구려어는 신라어와 동일한 계통이면서, 알타이어 혹은 일본어와 공통적인 요소도 가지고 있는 것이다. 이들 중 어느 것이 차용에 의한 것이고, 어느 것이 고유어인지는 밝힐 수 있는 단계는 아니지만, 고구려어가 신라어와 알타이 제어 그리고 일본어와 유사한 관계 내지는 친족 관계를 가지고 있었다는 결론은 내릴 수 있을 것이다.

5.2.2. 백제어

백제어는 신라어와 기본적으로 동일한 언어에서 분화하여 의사소통이 가능한 언어였지만, 신라와는 다른 음운 현상의 발생으로 인하여 방언 차가 커지고 있었다고 말할 수 있을 것이다. 백제는 마한의 지역에 부여계의 일파가 남진하여 건국한 나라인데 그 언어적 성격에 하여 다양한 의견이 있어 왔다.

백제의 언어를 논하면서 흔히 인용되는 자료가 〈주서〉 이역전 백제조의 "왕의 성은 부여씨이고(王姓夫餘氏), 부르기를 '어라하'(?)라고 하는데(號於羅瑕), 백성들은 '건길지'(?)라고 하는데 중국 하나라의 말로 왕이다,

이 자료를 근거로 하여 한계의 언어와 부여계의 언어를 논하는 것은 지

나친 억측이다. 어원 내지는 언어의 기원에 대해 논할 경우에는 어종의 종류—고유어, 차용어, 중간 변화어 등에 특히 주의해야 하는데, 왕의 호칭 내지 지칭어 등은 차용 여부와 관계없이 중간에 변화할 수 있기 때문이다. 백제어와 우리말의 중심이 되는 신라어와의 관계는 중국측의 다음과 같은 기록이 오히려 참고가 될 것이다.

《梁書》(629) 열전 백제조에 보면 "今言語服章略與高麗同"(지금 언어와 복장이 대략 고려(고구려)와 같다.)라는 기록이 있다. 다음은 《양서》 열전 신라조에 나오는 기록이다. "語言待百濟而後通焉"((중국인이 신라 사람과) 말을 하는 데는 백제 사람을 두어야 한다.)

언어의 같고 다름과 소통 가능과 불가능에 대한 개인적인 판단 차이는 있겠지만, 위의 기록은 한계의 언어와 부여계의 언어가 기원적으로 동일하고, 중국인들에게는 같은 언어로 받아들여졌다는 것을 추론할 수 있는 것이다.

5.2.3. 가야어

가야어는 신라어와 동질성을 가지고 있지만 신라어와 다른 독자성을 가지고 있었고, 또한 백제어 내지는 고구려와도 동질성과 이질성을 가지고 있었기에, 독자적이면서 변이 지역적인 성격을 가지고 있었던 것이 아닌가 하는 추정을 해 볼 수 있다.

가야어와 신라어를 논하는 자리에 흔히 인용되는 것이 현대국어에서 인용하는 '미'(미더덕, 미나리의 '미')와 '물'(〈믈)'인데, 이들이 기원적인 차이를 보여 주는 것은 아니다. 동일한 기원에서 다른 음운 현상의 작용으로 인해 생겨난 방언 분화인 것이다. 이들의 역사적인 변화에 대해서는 다른 자리에서 논의하기로 하고, 변진 내지는 변한에서 발전하는 가야와 진한에서 발전하는 신라의 관계는 다음의 기록으로 충분히 추론할 수 있을 것이다.

삼국지 위지 동이전의 "弁辰與辰韓雜居 (중간 생략) 言語法俗相似(변진은 진한과 섞여 사는데 언어와 법속은 서로 비슷하다.)"이 기록으로 가야는 한계의 언어로 신라와 기원적으로 동일했다는 것을 추론할 수 있는 것이다.

5.2.4. 신라어

약 7세기 내지 9세기 동안(B.C. 1세기부터 A.D. 8세기) 지속되었던 4국의 분할 상태에 따라 언어의 분화 상황이 지속되고, 확대되었을 것으로 추정되지만, 남아 있는 자료에서 이들 언어가 공통점과 차이점을 가지고 있었던 것으로 나타나는데, 이를 신라어 중심으로 간략하게 정리해 보기로 한다.

신라어의 음운체계에서 우선 주목될 수 있는 상항은 훈민정음 창제 후에 보여지는 7모음체계가 신라시대에도 그러했을까 하는 의문이다. 이 의문은 전설 대 후설의 대립관계에서 왜 'ㅣ' 모음만 예외가 되는가 하는 점과 동일 기원의 어휘가 'ㅣ'와 'ㅡ'로 대립되는 형태를 가진다는 사실(예: '미'와 '믈')이 이러한 의문을 심화시켜 주는 것이다. 자음체계에서는 유성 자음이 존재 여부와 유기음의 존재 여부가 과제로 떠오른다. 15세기에 나타나는 'ㅿ, ㅸ' 등은 후대의 변화형인가? 기원형의 흔적인가? 유기음의 극심한 편향은 이들의 통시적인 발달로 인해 생긴 것이 아닌가 하는 문제를 나아가면, 포페의 알타이 공통조어와 관련하여 앞으로 해결해야 할 과제로 남아 있는 것이다.

신라에 의해 다시 하나로 통일된 국가를 형성하면서 우리나라의 언어는 신라어 중심으로 재편되었을 것으로 추정된다. 경주 등의 출신 구인들이 지방에 주둔하거나 지방의 호족 자제들을 경주에서 교육시키거나 살게 하는 정책은 경주어 중심으로 우리나라의 언어가 개편되면서 다시 지방에 따라 방언적 특색을 가지게 된 것으로 추정해도 좋을 것이다.

5.2.5. 4국 방언의 공통성과 차별성

가. 4국의 공통성

신라어와 백제어가 통했을 것이라는 추론은 앞의 기록 외에도 양서의 "無文字刻木爲信 言語待百濟而後通焉(양서 제이전 신라조)"라는 기록으로도 가능하다. 즉 중국인이 신라 사람과 통하기 위해서 백제 사람을 대동했다는 것은 신라인과 백제인의 의사소통이 가능하기 때문인 것이다. 그리고 신라어와 가야어가 공통점을 가지고 있었다는 가능성은 신라인(진한)과 가야인(변한)이 섞여 살았다는 기록에서 찾을 수 있다. 언어가 소통되지 않을 경우 '섞여 산다'는 것은 불가능하기 때문이다. 신라인과 고구려인의 언어가 소통 가능했을 것이라는 추정은 신라 태종 무열왕과 관련된 기록에서 찾을 수 있다. 즉 고구려에 볼모로 가 있을 당시 신라인이 고구려의 감옥으로 찾아가 의사소통하는 기록은 이들 두 언어의 소통 가능성을 확인시켜 주는 것이다.

한편 이들 언어가 방언적인 큰 차이를 가지고 있었을 가능성도 여러 가지 사실에서 추론할 수 있다.

나. 4국 방언의 이질성
〈음운 규칙 발생의 불일치〉

모든 지역에 공통으로 나타나는 어휘를 추출하는 것이 쉬운 일은 아니지만, 몇몇의 어휘는 대비할 수 있는 자료를 제공한다. 족장 등의 의미를 가진 '加', '干', '翰' 등이 동일한 뜻으로, 지역에 따라 달리 나타나는 것은 발생한 음운 규칙 내지는 규칙의 전파가 서로 달랐다는 것을 의미한다. 유사하게 '水'를 뜻하는 어휘의 중성이 차이 나고, 종성이 있는 지역과 없는 지역으로 분화되는 것은 발생한 음운 규칙이 상이했다는 것을 의미한다. '火'를 뜻하는 어휘의 분화도 역시 동일하다. 이것은 기원적인 동일성에도 불구하고 방언 분화가 크게 발생했다는 것을 의미하고, 동시에 현대 국어에 이어지는 것은 신라어 계통이라는 것을 확인시켜 주는 것이다.

〈외래어 수용 속도의 불일치〉

가야어와 신라어에 대한 논의에서 인용하였던, 가야어에서는 신라어와 달리 '문'을 '梁'이라고 했다는 기록(旀檀梁城門名加羅語謂門梁云: 삼국사기 권44)은 신라어와 가야어가 당시의 외래어 즉 한자어 '門'을 수용하는 속도가 달랐다는 것을 의미한다. 현대 국어에까지 '돌쩌귀'와 같은 단어가 있는 것을 감안하면 가야어에 나타나는 어휘는 전국적인 분포를 가진 기원적인 것이었다는 것을 추정할 수 있게 한다.

그러므로, 위의 기록은 '門'을 뜻하는 어휘가 단독형으로 사용될 경우 신라어에서는 이미 어휘의 대체 현상이 발생했다는 것을 의미하고, 가야어에서는 아직 고유의 형태가 남아 있었다는 것을 의미하는 것으로 추정할 수 있는 것으로, 외래어 수용의 속도가 방언에 따라 차이 났음을 증언하는 것으로 볼 수 있는 것이다.

〈기초 어휘의 불일치〉

앞에서 보았듯이 고구려의 어휘 중에는 신라어 계통과 일치하는 것도 존재하지만, 기초 어휘 특히 수사와 같은 기초 어휘 중에서 신라어와 전혀 다른 것이 발견된다는 것은 앞으로 주목해서 해명되어야 할 것이다. 예를 들어 '密(三)', '于次(五)', '難隱(七)' 등의 어휘는 아주 기초적인 것인데, 이들이 고구려어와 신라어에서 전혀 다른 모습을 보인다는 것은 심각한 문제를 제기하는 것이다. (이에 관한 섣부른 추정은 삼가고, 다음의 기회를 기다리기로 하겠다.)

5.3. 언어의 재통일

6세기 후반 가야 제국을 완전히 통합한 신라가 7세기에 이르러 백제와 고구려를 차례로 통합한 후 고려에 나라를 넘겨주기 전까지 약 250여 년 동안 한반도를 지배하는 시기를 통일 신라 시대(서력 기원 676~936)라고 부른다. 이 시대는 국어의 역사에서 고대 국어라 칭해지는데, 국어의 역사에 가장 중요한 의미는 4국의 언어 가운데 경주 서라벌을 중심으로 하는 신라의 언어가 한반도의 공용어로 등장하여 분화의 과정에 있던 민족어를 하나로 통일시키는 과업을 수행하게 되었다는 점이다.[14] 즉 단일어였던 고조선의 언어가 중국 한나라의 침범 후 부여계와 한계로 분화되어 여러 지역으로 나뉘어 방언 분화 현상이 가속되다가 고구려, 백제, 가야, 신라의 네 지역으로 통합되고, 다시 신라에 의해 하나로 통합되는 민족어의 재통일 과업이 수행되는 것이다.[15]

5.3.1. 고대 국어

고대 국어의 음운 체계 중 모음 체계는 중세 국어의 7모음 체계와 큰 차이가 없었을 것으로 추정되는 데 반해, 자음 체계는 중세 국어 이후와 확연히 구분된다. 즉 고대 국어의 자음 체계는 된소리가 없었을 것으로 추정되고, 유기음은 형성되기 시작하여 아직 완성되지 않았을 것으로 추정된다. 즉 유기음 체계는 'ㅊ'부터 생성되기 시작하여, 'ㅌ, ㅍ' 등이 생성되는데,

---

[14] 지금의 전라도 방언이나 평안도 방언 혹은 함경도 방언 등은 모두 신라말의 후예가 된다. 제주도 말 역시 마찬가지이다. 흥미를 돋우기 위해 지금의 전라도 말이 백제 말에 이어진다든가 혹은 지금의 평안도 말이 고구려 말의 후예가 된다든가 하는 표현을 하기도 하는데 이것은 대단히 조심해야 할 무책임한 행위가 된다.

[15] 이러한 현상을 이기문 선생께서는 조그만 도시 로마의 지역어가 로마 제국의 공용어로 되는 과정에 비유한 바 있다.

'ㅋ'은 아직 생성되지 않은 것으로 추정된다.

　문법적인 사항은 자료의 부족으로 확인하기 어려운 것이 많으나, 현전하는 향가 등으로 추정하면, 조어법, 경어법, 시상법 그리고 서법 등은 중세 국어와 대차 없었을 것으로 추정된다.

5.3.2. 중세 국어

가. 문화어의 위치 이동

　중세 국어의 시간적인 범위는 고려 시대에서부터 조선의 임진왜란까지를 지칭하는 것이 일반적이다.[16]

　통일 신라의 말기 후삼국으로 분열되었다가 개경에 중심을 둔 고려에 의해 다시 한반도의 통일 작업이 수행되는데, 이러한 사실은 우리 민족어의 재정립을 의미하는 것이 된다. 즉 신라의 경주와 아주 먼 위치에 있는 지역 방언이었던 개경의 방언이 한반도의 중앙어의 위치를 차지하는 사건이 되는 것이다. 고려의 건국으로 인해 중앙어의 지리적 이동이 수행되는 상황이 발생하는 것이다.

　한편, 고려의 멸망과 조선의 건국은 중앙어 형성의 주체를 교체하는 양상으로 발전했을 것으로 짐작되는데, 구체적인 인맥의 구성 및 이에 의한 언어적 효과에 대한 추정 등은 아직은 하기 어려운 상황이다. 단지 훈민정음 창제 후 복수로 존재하던 어휘가 단일화되는 경우 거의 예외 없이 신라어 계통으로 단일화되는 현상을 볼 수 있는데, 이러한 현상으로 미루어 짐작할 수 있는 사항은 최소한 다음의 두 가지이다. 첫째, 개경이나 한양을 비롯한 옛 고구려나 백제의 영역에는 신라의 통일 이후에도 고구려식의 어휘나 백제식의 어휘가 부분적이든 전체적이든 지속적으로 사용되었

---

16 박병채 박사는 고려 말까지를 고대 국어라 칭한다.

다. 둘째, 그러나 이들의 어휘는 신라어 계열의 어휘로 지속적으로 교체 현상이 발생하였다.

나. 중세 국어의 특징

중세 국어 음운 체계의 변화는 격변 그 자체라고 할 수 있을 정도이다. 이 시기에 유성음 계열(ㅸ, ㅿ 등)은 완전히 소멸하고, 거센소리(ㅍ, ㅌ, ㅊ, ㅋ 등)와 된소리(ㅃ, ㄸ, ㅉ, ㄲ, ㅆ 등)는 완전히 확립되어 현대 국어와 같은 모습을 완성한다. 한편 어두 자음군에 세 종류가 생성되어 존재하다가 점차 된소리로 변화해 가는 현상이 중세 국어의 특징이기도 하다.

중세 국어의 조어법 중 현대 국어에서는 소멸해 버린 것이 있었는데, 그것은 어간과 어간을 결합하여 새로운 단어를 만드는 방식이다. 즉 '죽-'과 '살-'을 결합하여 '죽살-'이라는 단어를 만들고, '젓-'과 '곶-'을 결합하여 '젓곶-'과 같은 단어를 만드는 조어법이 중세 국어에는 아주 생산적이었던 것이다.

하나의 문장이 내포문으로 변형이 될 때, 현대 국어는 내포문에서 실질적인 주어 구실을 하는 문장 성분의 변형이 일어나지 않는데, 중세 국어에서는 주어의 변형이 일어난다. 즉 현대 국어에서는 '내가 살던 고향은 꽃 피는 산골이다.'라고 표현하겠지만 중세 국어에서는 '나의 살던 고향은 꽃 피는 산골이다.'라는 식으로 표현되었다.[17]

중세 국어의 격표지에서 특징적인 몇 가지를 나열하면 다음과 같다. 첫째, 주격 조사는 'ㅣ' 형태 하나밖에 없었다. 둘째, 속격 조사는 'ㅅ'과 '의/이' 등의 두 가지가 있었다. 셋째, 공동격 조사는 나열되는 모든 명사의 뒤에 다 결합했다.

---

[17] 내포문의 주어가 속격 내지는 소유격으로 변형되는 것은 지구상에 알려진 언어의 보편적인 현상이다.

이 시대의 문법적인 특징 중의 하나는 시상을 나타내는 문법 형태소와 경어를 나타내는 문법 형태소가 모두 선어말 어미에 의해 실현되었다는 점이다. 즉 현재는 '-ᄂ-', 과거는 '-거-', 미래는 '-리-', 과거 회상은 '-더-' 등과 같이 시제와 상은 모두 선어말 어미로써 표현되는 것이다. 이러한 현상은 경어법에서도 동일하게 나타나는데, 주체 존대는 '-시-', 객체 존대는 '-ᅀᆞ-', 상대 존대는 '-이-' 등과 같이 모두 선어말 어미에 의해 경어법이 표현되는 것이다.

중세 국어 시기까지에만 존재하던 선어말 어미가 있었는데 그것은 '-오/우-'이다. 이 선어말 어미는 평서문에서는 1인칭이나 주어의 의도를 나타내기도 하고, 관형문에서는 수식언과 피수식언의 관계를 명시하는 것이었다. 예를 들어 '내 하노니'와 '그 사람이 하ᄂᆞ니'의 차이는 주어의 의도가 들어 있느냐 그렇지 않느냐 하는 것을 보여 준다. '-오/우-'가 들어가지 않은 '나흔 자식'과 '-오/우-'가 들어간 '나혼 자식'의 차이는 전자가 '자식이 낳았다'는 의미가 되어 '손자를 보았다'는 의미가 되고, 후자는 '자식을 낳았다'는 의미가 되어 '아들이나 딸을 보았다'는 의미가 된다.

어말 어미에 의해 표현되는 서법의 종류는 근대 국어 혹은 현대 국어와 마찬가지가 되는데, 그중 의문법의 표현 방식은 사뭇 차이가 난다. 현대 국어 경상도의 남부 방언에 남아 있는 형태, 예를 들어 '학생가 아니가 니 뭣고' 등이 중세 국어의 의문법을 그대로 보여 준다. 북부 방언에 남아 있는 '-다 의문형' 역시 중세 국어의 형태를 그대로 유지하고 있는 것이다.

5.3.3. 근대 국어

가. 현대 국어로의 이동

임진왜란 이후 개화기 이전까지인 17세기와 18세기를 근대 국어 시기라 한다. 16세기 말 임진왜란이라는 대전란을 겪으면서 민족의 대이동이 발생하게 되고, 이 와중에서 발생한 방언 간의 접촉은 당시 조선어의 급격한 변화를 초래했던 것으로 추정된다.

이러한 변화의 와중에서 근대 국어는 많은 부분에서 현대 국어와 같은 모습을 부분적으로나마 갖추게 된다. 음운 체계나 문법 체계의 많은 부분에서 현대 국어와 같은 모습이 되기 위한 기반을 구축하는 것이다.

나. 근대 국어의 특징

현대 국어의 모습에 직결되는 근대 국어의 자음 체계는 현대 국어와 동일하나 자음의 음운 현상 중 특이한 현상은 구개음화의 발생이다. 'ㅈ'의 무조건적 구개음화에 이어 'ㄷ'이 조건적 구개음화 현상을 일으키고, 방언에 따라서는 'ㅎ'과 'ㄱ'이 구개음화하기도 한다. 모음 체계도 현대 국어의 전단계적인 모습을 보여 주는데, 그것은 'ㆍ'의 소멸에 이어 전설계 단모음 '에, 애' 등이 생성되는 것이다. 그리고 이러한 현상과 평행하여 움라우트 현상이 발생하는 것도 이 시기이다.

중세 국어에 보이던 조어법의 일부가 소멸한다. 즉 동사 어간끼리 결합하여 복합어를 형성하든가, 동사 어간이 그대로 부사로 쓰이는 현상도 소멸하게 되는 것이다. 반면에 '-스럽-'과 같은 파생 접미사가 새롭게 발생하여 명사를 형용사로 만들어주는 기능을 하게 된다.

체언의 곡용에서 가장 특징적인 것은 주격 조사 '-가'의 출현일 것이다. 그 이전의 문헌에서는 거의 찾을 수 없는 이 형태가 17세기 문헌에 와서는 그 모습을 자주 드러내는 것이다. 속격의 기능을 담당하던 'ㅅ'이 음절 말에서 제 음가대로 조음되지 못하자 문법적인 기능까지 소멸하여 근대 국어에 오면 속격 조사는 '-의'로 통일된다.

근대 국어에 이르러 시상을 나타내는 선어말 어미가 현대 국어의 모습을 갖춘다. 즉 과거와 현재의 완료상을 나타내는 선어말 어미 '-었/았-'이 생성되고, 아울러 미래나 추측을 나타내는 선어말 어미 '-겠-'도 근대 국어에서 생성되는 것이다. 그리고 현재를 나타내던 선어말 어미 '-ᄂᆞ-'는 모음이 탈락하여 'ㄴ, 는'으로 교체하게 된다.

경어법을 나타내는 선어말 어미도 큰 변화를 하게 된다. 객체 존대를 나타내던 선어말 어미 '-ᄉᆞᆲ-'은 그 형태소를 구성하는 음소가 모두 소멸하게 되므로 형태소 자체가 없어지게 된다. 그리고 상대 존대를 나타내던 선어말 어미 '-이-'도 소멸하므로 경어법의 체계와 표현방식 자체가 변화하게 되는 것이다.

5.3.4. 현대 국어―좌절과 도약―국제어로 비상

19세기 말 개화기부터 지금에 이르기까지의 시대를 현대 국어라고 한다. 근대 국어까지는 인접의 언어와 부분적인 접촉을 하지만 우리 언어 내부에서 변화가 초래되었다면, 현대 국어는 과거와 전혀 다른 모습의 변화를 하게 된다. 개화기에는 중국 외에 서구와 접촉하여 새로운 언어를 수용하게 되고, 20세기 전반기에는 외세 언어에 의해 말살의 위기를 맞이하다가, 20세기 말을 넘어 21세기 초반에 접어들면서 지구상 곳곳에 토대를 마련하여 국제어 내지는 세계어로서의 위상을 구축해 가고 있는 것이다.

가. 현대 국어 개관

현대 국어 음운 체계에서 가장 특징적인 것은 모음 체계의 급격한 변화일 것이다. 자음 체계는 구개음화가 일어난 뒤인 19세기의 자음 체계와 동일하여 변화가 없었다고 볼 수 있는데, 모음 체계는 전설계 단모음의 생성으로 10모음 체계에 이르렀다가 다시 급격히 축소하여 현재 7모음 체계가 가장 널리 사용되는 모음 체계가 되었고, 지역에 따라서는 6모음까지도 사용되고 있는 실정이다.

현대 국어의 문법적 변화에서 가장 특징적인 것은 경어법의 변화에서 볼 수 있을 것이다. 주체 경어, 객체 경어, 상대 경어 등 경어법 체계 자체는 변함이 없으나 그 실현 양상은 급격히 변화하고 있는 것이다. 상대 경어법의 변화는 상대 존대의 등급 변화에서 그 변화된 모습을 볼 수 있다. 5등급 내지 6등급으로 나뉘던 상대 경어법이 현재에 와서는 2등급 혹은 3등급으로 축소되어 있다. 그리고 객체 경어법은 어휘에 의해 실현되고, 주체 경어법을 나타내던 '-시-'는 주체 존대 외에 기능에까지 확대되어 그 쓰임이 점점 확대되고 있는 도중이다.

현대 국어의 또 다른 특징은 불완전 명사 등의 실질 형태소가 문법 형태소로 문법화하는 현상일 것이다. 미래 시제를 나타내기 위해서 가장 흔하게 사용되는 것은 아마 '-을 것이다.'일 텐데, 이것은 '것'이 불완전 명사의 기능을 상실하고 미래를 나타내는 문법 형태소로 굳어졌다고 판정해도 좋을 것이다.

현대 국어의 변화에서 주목해야 할 사항 중 하나는 문체의 다양화일 것이다. 서구어, 특히 영어의 번역투 문체가 국어에 과감하게 수용되어, 한편으로는 표현을 다양성을 이끌고 다른 한편으로는 어색한 문장을 양산하고 있는 것이다. 예를 들어 '아무리 강조해도 지나치지 않다.'는 영어의 번역체이고, '일이 잘 되어진다.' 역시 외국어의 수동태 번역체인 것이다.

현대 국어의 가장 현저한 변화는 아마도 어휘 분야일 것이다. 근대 국어까지 외국어라고는 거의 중국어밖에 모르던 우리말이 개화기에 이르러 서구어와 직접 접촉하였다. 이후에는 일본을 거친 외국어를 수용하다가, 20세기 후반기부터는 직접 혹은 간접으로 외국어를 접촉하면서 외국어의 홍수 속에서 살고 있다고 할 정도로 다양한 영역에서 광범위하게 사용되고 있는 것이다. 이러한 현상에 맞서 국어 순화라는 이름으로 고유어나 쉬운 한자어의 영역을 넓히고자 하는 노력도 행해지고 있다.

외국어의 범람에 맞서 고유어의 영역을 확대하고자 하는 시도는, 한자를 사용하지 않고 한글을 전용하는 세대의 출현과 함께 그 종착점이 어떻게 될지 알 수 없는 상황이다.

5.3.5. 현대국어의 통사적 특징

가. 기본 어순
한국어 문장은 주어 내지는 주제가 문장의 처음에 나오고, 목적어가 있을 경우 주어 다음에 나오며, 서술어는 문장의 마지막에 온다.

> 꽃이 피고, 꽃이 지는 것은 모두 자연의 조화이다.
> 개나리는 봄에 꽃이 피고, 국화는 가을에 꽃이 핀다.
> '나는 네가 좋다.'와 '나는 너를 좋아한다.'는 같은 뜻의 문장인가?

나. 수식어와 피수식어
한국어에서 수식을 하는 요소는 수식을 받는 요소보다 항상 앞에 온다.

> 철수의 순진한 고백은 순수한 마음을 가진 영희를 충분히 감동시켰다.

다. 두 단위의 연결
두 개의 언어 단위를 연결할 때는 연결되는 단위의 종류에 따라, 연결되는 개념의 유형에 따라 다양한 연결사가 사용된다. 체언의 연결은 '와/과'에 의해 이루어지고, 용언의 연결은 부동사형 어미에 의해 이루어지고, 문장의 연결은 주로 연결 어미에 의해 이루어진다. 문장을 연결할 때에는 그 개념의 관계에 따라 다양한 연결 어미가 사용된다.

> 아름다운 꽃과 향기로운 내음은 봄과 가을의 특징이다.
> 꽃은 피고 지고, 향기는 스쳐 가고, 봄은 우습게 지나간다.

철수는 배가 너무 고파서, 주위에 누가 오는지도 모르고 허겁지겁 밥을 먹었다.

골목을 돌아서 가면, 헤어지면서 울던 물레방아가 있다.

라. 어순과 격조사

한국어의 문장 성분은 격조사에 의해 결정되기 때문에 격조사가 발달한 한국어에서는, 격조사가 결정되는 구가 하나의 어순 단위가 된다. 이 단위에서는 순서가 비교적 자유스럽다.

나는 너를 좋아한다.
좋아한다, 나는 너를.
너를 나는 좋아한다.
〈주의〉 승부욕이 강한 철수는 아주 열심히 공부하였다.
〈'강한 승부욕이 철수는, 승부욕이 철수는 강한, 철수는 강한 승부욕이' 등은 성립되지 않는다.〉〉

마. 후치사

인구어나 중국어 등에서는 전치사가 발달되어 있지만, 한국어에서는 후치사가 발달되어 있다. 다음의 밑줄 부분은 한국어의 훗사, 영어와 중국어의 전치시를 보여준다.

집에서, 나까지, 여기까지만이라도
The hospital is behind the house.
我在家等你

바. 서술어

한국어의 서술어는 체언과 용언이 된다. 용언인 동사와 형용사는 선어말 어미나 어말 어미와 결합하여 직접 서술어를 구성하고, 명사 대명사 수사 등 체언은 '-이다'와 결합하여 서술어가 된다.

　　철수가 잘 달린다. (동사)
　　영희는 행복하다. (형용사)
　　영수는 학생이다. (명사)

5.3.6. 현대국어의 어휘적 특징

가. 첨가어

한국어는 단어 형성에서 첨가어적인 특징을 가지고 있다.

　　먹+었+겠+더라(-지, -다)+마는
　　철수+부터+는
　　여기까지만이라도// // ≒부착어·점착어·첨가어.

첨가어란 언어의 형태적 유형의 하나로, 실질적인 의미를 가진 단어 또는 어간에 문법적인 기능을 가진 요소가 차례로 결합함으로써 문장 속에서의 문법적인 역할이나 관계의 차이를 나타내는 언어이다. 한국어·터키어·일본어·핀란드어 따위가 여기에 속한다.(《표준국어대사전》에서 인용)

나. 이중 언어적 단어 구조

한국어 단어를 구성하는 형태소의 순서가 한국어의 통사 구조에 맞는 것도 있고, 중국어의 통사 구조에 맞는 것도 있다.

말하다, 〈한국어 구조〉

대일(對日), 소등(燒燈) 〈중국어 구조〉

마소, 신소설, 특수자료, 역전(驛前) 〈공통〉

〈주의〉 길가, 물고기 〈구 구조의 복합어화〉

5.3.7. 현대국어의 음운과 발음의 특징

가. 음절 구조와 위치

한국어의 음절 초와 음절 말에는 하나의 자음만 올 수 있는데, 음절 초에는 약간의 예외적인 경우가 있지만 모든 자음이 올 수 있고, 음절 말에는 'ㄱ, ㄴ, ㄷ, ㄹ, ㅁ, ㅂ, ㅇ' 등 7개의 자음이 올 수 있다. 그리고 음절 말 자음은 항상 미파음으로 발음한다.

값, 없다

늙지, 읽지

밟도록, 밟고

나. 자음 체계

한국어 자음의 조음 위치는 대체로 다섯 가지 종류로 구분된다. 조음 방식은 후두에서 세 가지(평음, 된소리, 거센소리)로, 연구개에서 두 가지(구강음과 비강음)로, 구강에서는 대체로 세 가지(파열음, 마찰음, 파찰음)로 구분된다. 전체 자음 목록은 다음과 같다.

	양순음	치조음	경구개음	연구개음	후음
비강음	ㅁ	ㄴ		ㅇ	
파열음(평음)	ㅂ	ㄷ		ㄱ	
파열음(격음)	ㅍ	ㅌ		ㅋ	ㅎ
파열음(경음)	ㅃ	ㄸ		ㄲ	
마찰음(평음)		ㅅ			
마찰음(경음)		ㅆ			
파찰음(평음)			ㅈ		
파찰음(격음)			ㅊ		
파찰음(경음)			ㅉ		

다. 모음 체계

현대 한국어의 모음 체계는 지역과 세대에 따라 큰 편차를 보인다. 최대 10모음 체계에세부터 6모음 체계까지 나타난다.

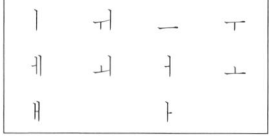
최대 10모음 체계

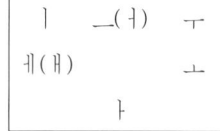
두루 쓰이는 7모음 체계   최소의 6모음 체계

라. 음운 현상

한국어의 교착어적인 특징은 형태소와 형태소의 연결을 유도하므로, 이에 의해 다양한 음운 현상이 발생하게 된다. 음운 현상에는 교체(동화, 이화, 중화), 탈락, 첨가, 축약, 도치 등이 있다.

먹는→[멍는], 밥만→[밤만], 붚〉붑, 잎→[입]
값→[갑], 읽고→[일꼬]

주어라→[주워라], 이어라→[이여라]

좋고→[조코], 국화→[구콰]

갑자기 * 잡가기

5.3.8. 현대국어의 화용적 특징

가. 화제 중심어

한국어는 말하고자 하는 바를 강조하기 위해 혹은 효과적으로 전달하기 위해, 어순 뒤집기와 생략을 과감하게 한다.

문 닫고 들어오너라.(문 닫고 나가거라)
오늘 점심 나는 짜장면이다. 너는? 나? 밥.

나. 생략

한국어에는 생략 현상이 다양하게 나타난다. 문장의 근간 성분이나 격조사 등도 상황에 따라 생략이 가능하다. 화용적 상황이나 문장에서 예측될 수 있으면 얼마든지 생략이 가능하다.

선생님께서 강의를 하신다. 누가 강의를 한다고? 선생님.
선생님께서 강의를 하신다. 선생님이 무얼 한다고? 강의.
누나에게 밥(을) 갖다 줘. 나(는) 학교(에) 간다.
나 너 사랑해.

* 한국어에서 생략이 다양하게 발생한다고 하여 함부로 생략하면 안 된다.

5.3.9. 현대국어의 인지적 특징

가. 시상법

시상법은 시간에 대한 인지 과정을 보여 주는 것인데, 한국어에서 과거나 미래를 나타내는 선어말 어미는 특이한 의미를 가진다. 과거를 나타내는 선어말 어미는 현재 상태를 나타내기도 하고, 미래를 나타내는 선어말 어미는 추측, 가능 등 다양한 의미를 공유하기도 한다.

  그 사람은 어제 죽었다.
  네 옷에 먼지가 묻었다.(묻어 있다.)
  내일 그 사람이 오겠다.(올 것이다.)
  그 물건을 내가 들 수 있겠다.

나. 경어법

인간이나 사물 등에 대한 대우 의식을 나타내는 것이 경어법인데, 한국어에는 세 가지의 경어법이 발달해 있다. 진술하는 문장의 주어를 대우하는 의식을 표현하는 주체 경어법은 주로 선어말 어미 '-시-'에 의해 표시되고, 문장의 객어를 높이는 객체 경어법은 조사 '-께'와 높임 어휘에 의해 표시되는데 등급은 경어와 비경어 등 두 단계로 구분된다. 반면 듣는 사람을 높이는 상대 경어법은 상대의 등급에 따라 여러 가지로 나뉜다.

  선생님께서 강의를 하신다.
  할아버지께 진지를 갖다 드려라.
  '가십시오, 가시오, 가게, 가, 가라' 등을 구분해야 한다.

5.3.10. 현대 국어의 통시적 특징[18]

가. 모음 체계의 변화

현대 국어는 모음 체계의 급격한 변화 과정에 있다. 10개의 단모음 체계가 사용되는 지역이 있는가 하면 6개의 단모음만이 사용되는 지역이 있다. 그리고 중간의 모음 체계가 선행하는 자음의 종류에 따라 단어 내부의 음절 위치에 따라 달리 사용되고 있다.

나. 어간 말 자음의 재구조화

현대 국어의 어간 말 자음은 실로 다양하다. 자음군, 거센소리, 된소리가 다 사용되고 있는 것이다. 이중 된소리 'ㄲ, ㅆ'은 그대로 사용되고 있고, 거센소리 'ㅌ, ㅊ' 등은 'ㅅ'으로 재구조화되고 있는 중이다.

다. 경어법의 변화

현대국어의 경어법은 여러 가지 면에서 변화하고 있다. 경어법의 등급이 급속히 조정되어 구어체의 상대경어법에서는 거의 높임과 안높임의 두 단계로 사용되고 있다. 그리고, 주체경어법의 선어말어미 '-시-'는 그 사용 영역을 확대하고 있고, 객체경어법을 나타내던 '드리다'의 경우도 그 사용 영역을 확대하고 있는 중이다.

라. 어종의 변화

서로 다른 언어권이 접촉하면 문물을 교환하고 동시에 언어도 교류하게 된다. 우리나라의 경우 개화기 이후 서구의 언어가 직접 수입되기도 하고, 일본식 서구 어휘가 도입되기도 하였다. 일본식 서구 어휘는 지속적으

---

[18] 현대 국어의 통시적 특징을 아주 간략하게 언급하고자 한다.

로 소멸하고 있는 도중이고, 서구를 중심으로 한 외국의 어휘는 지속적으로 확대되고 있는 도중이다. 소위 외국어인지 외래어인지 구분하기 곤란한 경우가 허다할 정도로 서구식 어휘는 확대되고 있는 도중이다.

마. 문체의 변화

현대국어에서 외국어 어휘의 차용 내지는 혼용이 늘어가고 있는 것과 비슷하게, 문체도 변화하고 있는 모습을 흔히 볼 수 있다. '아무리** 해도 지나치지 않다'라는 표현은 본래 영어의 번역식 문체였는데 현대국어에서 자주 사용되고 있는 것이다. 문체의 다양성 내지는 효율성과 관련하여 긍정적인 측면을 가질 수 있고, 또 다른 측면에서는 부정적인 것으로 평가할 수도 있다.

제6절 한국어의 현재와 과제

6.1. 한국어의 사용 현황

한국어 사용의 외연적 상황을 남한과 북한의 전체 인구(대략 7,300만), 해외 동포(대략 700만), 국내 이주민 등으로 나누어 살펴보기로 한다.

한국어를 사용하고 있는 인구의 수는 남한 거주 약 4,900만, 북한 거주 약 2,400만이 기본이 된다.

한국 내에 거주하는 인구의 수는 통계청의 자료에 의하면 다음과 같다.[19]

---

[19] 이에 관련된 통계청의 자료를 인용하면 다음과 같다.
1. 세계 및 한국의 인구

> □ 2009년 세계 인구는 68억 3천만 명
> □ 2009년 남북한 통합 인구는 7천 3백만 명으로 세계 인구의 1.1% 차지

○ 2009년 7월 1일 세계 인구는 68억 3천만 명으로 추정
○ 2050년에는 세계 인구가 91억 5천만 명에 이를 것으로 전망
   - 선진국의 인구 정체와 개도국의 인구 증가세 둔화로 증가 속도는 완화
   - 선진국 인구는 12억 8천만 명(전체의 13.9%)으로 현재와 큰 차이가 없으나 개도국 인구는 78억 7천만 명(전체의 86.1%)으로 크게 늘어날 전망
○ 2009년 남북한 통합 인구는 7천 3백만 명으로 세계 인구의 1.1%를 차지(한국 4천 9백만 명, 북한 2천 4백만 명)
   - 2050년에는 6천 7백만 명(한국 4천 2백만 명, 북한 2천 5백만 명)으로 2009년보다 6백만 명 감소(한국 7백만 명 감소, 북한 1백만 명 증가)하고 세계 인구에서 차지하는 비율도 0.8%로 낮아질 전망

〈표 1〉 세계 및 한국의 인구 전망

(단위: 백만 명, %)

	1950년		1975년		2009년		2025년		2050년	
	인구	구성비	인구	구성비	인구	구성비	인구	구성비	인구	구성비
〈세계〉	2,529	100.0	4,061	100.0	6,829	100.0	8,012	100.0	9,150	100.0
선진국[1]	812	32.1	1,047	25.8	1,233	18.1	1,277	15.9	1,275	13.9
개도국	1,717	67.9	3,014	74.2	5,596	81.9	6,734	84.1	7,875	86.1

1-1 총인구

Total population

단위: 천 명, %

연도	총인구	연앙 추계 인구	남자	여자	인구 성장률
1970	30 882	32 241	16 309	15 932	2.21
1980	37 436	38 124	19 236	18 888	1.57
1990	43 411	42 869	21 568	21 301	0.99
2000	46 136	47 008	23 667	23 341	0.84
2005	47 279	48 138	24 191	23 947	0.21
2009	-	48 747	24 481	24 265	0.29

비교하는 연도가 조금 차이가 있기는 하지만, 한국어가 세계의 언어에서 가지고 있는 상대적 위치는 거의 10위권에 속한다. 21세기 현재 지구상에는 약 55억 내외의 인간이 대략 3,000개에서 6,000개에 이르는 언어를 사용하고 있는데, 그중 한국어를 사용하는 인구의 수는 대략 다음과 같이 10위권에서 조금 벗어난 위치를 차지하고 있는 것이다.

세계의 20대 언어와 사용자의 수(단위: 1,000,000인)

1. 북경어(Mandarin Chinse 762)   2. 영어(English 427)

아프리카	227	9.0	419	10.3	1,010	14.8	1,400	17.5	1,998	21.8
아시아	1,403	55.5	2,379	58.6	4,121	60.3	4,773	59.6	5,231	57.2
유럽	547	21.6	676	16.6	732	10.7	729	9.1	691	7.6
라틴아메리카	167	6.6	323	8.0	582	8.5	670	8.4	729	8.0
북아메리카	172	6.8	242	6.0	348	5.1	398	5.0	448	4.9
오세아니아	13	0.5	21	0.5	35	0.5	43	0.5	51	0.6
한국[2]	19	0.8	35	0.9	49	0.7	49	0.6	42	0.5
북한	10	0.4	16	0.4	24	0.4	25	0.3	25	0.3

주 1: UN에서 인구 통계 작성 시 분류하는 선진국에는 유럽, 북미, 호주, 뉴질랜드, 일본 등이 포함.

주 2: 통계청,「장래인구추계결과」, 2006.

3. 스페인어(Spanish 266)　　4. 힌디어(Hindi 182)
5. 아랍어(Arabic 181)　　　6. 포르투갈어(Portuguese 162)
7. 벵갈어(Bengali 162)　　　8. 러시아어(Russian 158)
9. 일본어(Japanese 124)　　10. 독일어(German 121)
11. 프랑스어(French 116)　　12. 자바어(Javanese 75)
13. 한국어(Korean 66)　　　14. 이탈리아어(Italian 65)
15. 판잡어(Panjabi 60)　　　16. 마라티어(Marathi 58)
17. 월남어(Vietnamese 57)　　18. 텔루구어(Telugu 55)
19. 튀르크어(Turkish 53)　　20. 타밀어(Tamil 49)

〈D. Crystal(1992), The Cambridge Encyclopedia of Language에서 인용한 것임〉

6.2. 한국어의 지역적 확산

이 중 한반도 이외의 지역에 살고 있는 재외 동포의 수는 2007년도 기준 대략 704만(7,044,716)명 정도가 되는데, 외국 시민권자와 영주권자를 합치면 5,499,280명이 되고, 단순 체류자는 1,545,436명이다. 지역별 현황은 다음과 같다. (이 자료는 2008년 1월 통계청 자료에 나와 있는 것으로 내용은 그대로 하되 제시 방식을 약간 변형한 것임.)

6.2.1. 아시아 지역

아시아 지역은 276만 명 정도가 거주하는 중국을 비롯하여 다음과 같이 거주하고 있다. (숫자는 시민권자와 영주권자 그리고 체류자를 포함한 수치이다.)

바레인(95)　　　　방글라데시(1,067)　　브루나이(99)
중국(2,762,160)　　인도(7,367)　　　　인도네시아(30,700)

이란(423)　　　　이스라엘(566)　　　　일본(893,740)
요르단(337)　　　카자흐스탄(102,280)　말레이시아(14,934)
파키스탄(449)　　필리핀(86,800)　　　카타르(1,035)
사우디아라비아(1,287)　싱가포르(12,656)　스리랑카(865)
대만(3,454)　　　타이(19,500)　　　　터키(1,058)
아랍에미리트(1,770)　우즈베키스탄(184,600)　예멘(49)

6.2.2. 북아메리카 지역

북아메리카 지역에는 미국의 200만 명 정도를 비롯하여 멕시코, 캐나다 등에 거주하고 있다.

캐나다(216,628)　　　멕시코(12,070)　　　미국(2,016,911)

6.2.3. 남아메리카 지역

남아메리카에는 브라질의 5만 명 정도를 비롯하여 19개국에 거주하고 있다.

아르헨티나(21,592)　볼리비아(629)　　　브라질(50,523)
칠레(1,858)　　　　콜롬비아(613)　　　코스타리카(443)
도미니카공화국(435)　에콰도르(825)　　엘살바도르(270)
과테말라(9,944)　　온두라스(491)　　　자메이카(99)
파나마(315)　　　　파라과이(5,431)　　페루(788)
수리남(71)　　　　트리니다드토바(13)　우루과이(144)
베네수엘라(306)

6.2.4. 유럽 지역

유럽 지역에는 러시아의 21만 명 정도를 비롯하여 20개국에 거주하고 있다.

오스트리아(1,998)	벨기에(683)	덴마크(269)
핀란드(178)	프랑스(13,981)	독일(31,966)
그리스(315)	헝가리(809)	아이슬란드(10)
아일랜드(1,127)	이탈리아(5,502)	네덜란드(1,751)
노르웨이(453)	포르투갈(153)	러시아(209,025)
스페인(3,606)	스웨덴(1,223)	스위스(1,980)
우크라이나(13,131)	영국(41,995)	

6.2.5. 아프리카 지역

아프리카 지역에는 남아프리카공화국의 3,480명을 비롯하여 17개국에 거주하고 있다.

보츠와나(149)	카메룬(119)	콩고민주공화국(101)
코트디부아르(164)	이집트(932)	에티오피아(180)
가봉(93)	가나(507)	케냐(729)
리비아(605)	말라위(47)	모리타니(40)
모로코(300)	세네갈(175)	남아프리카공화국(3,480)
스와질란드(20)	튀니지(100)	

6.2.6. 오세아니아 지역

오세아니아 지역에는 오스트레일리아의 10만 명 정도를 위시하여 2개 국에 거주하고 있다.

오스트레일리아(105,558)   뉴질랜드(32,972)

6.3. 한국어와 다문화―한국으로의 이민자 현황

한국과 한국어의 위상이 높아지면서, 국제결혼을 하여 한국에 사는 특히 한국 남성과 결혼하여 한국에 거주하는 외국 출신 여성의 수가 매년 급증하고 있다. 한국에서 최근의 국제결혼 건수는 다음과 같다.[20]

통계: 국가별 국제결혼 건수 (단위: 건)

	2001	2002	2003	2004	2005	2006	2007	2008
국제결혼 총 건수	14,523	15,202	24,776	34,640	42,356	38,759	37,560	36,204
한국 남자+외국 여자	9,684	10,698	18,751	25,105	30,719	29,665	28,580	28,163

---

20 총 결혼 건수는 다음과 같다.

연 도	총 혼인 건수
2000	332 090
2001	318 407
2002	304 877
2003	302 503
2004	308 598
2005	314 304
2006	330 634
2007	343 559
2008	327 715

	2001	2002	2003	2004	2005	2006	2007	2008
-중국	6,977	7,023	13,347	18,489	20,582	14,566	14,484	13,203
-베트남	134	474	1,402	2,461	5,822	10,128	6,610	8,282
-필리핀	502	838	928	947	980	1,117	1,497	1,857
-일본	701	690	844	809	883	1,045	1,206	1,162
-캄보디아	-	-	19	72	157	394	1,804	659
-태국	182	327	345	324	266	271	524	633
-몽골	118	194	320	504	561	594	745	521
-우즈베키스탄	66	183	328	247	332	314	351	492
-기타	1,004	969	1,218	1,252	1,136	1,236	1,359	1,354

출처: 통계청(인구동태통계연보)

통계: 국가별 국제결혼 건수 (단위: 건)

	2001	2002	2003	2004	2005	2006	2007	2008
국제결혼 총 건수	14,523	15,202	24,776	34,640	42,356	38,759	37,560	36,204
한국 여자+외국 남자	4,839	4,504	6,025	9,535	11,637	9,094	8,980	8,041
-일본	2,664	2,032	2,250	3,118	3,423	3,412	3,349	2,743
-중국	222	263	1,190	3,618	5,037	2,589	2,486	2,101
-미국	1,113	1,204	1,222	1,332	1,392	1,443	1,334	1,347
-캐나다	164	172	219	227	283	307	374	371
-호주	78	90	109	132	101	137	158	164
-영국	69	86	88	120	104	136	125	144
-파키스탄	63	126	130	100	219	150	134	117
-독일	94	81	94	109	85	126	98	115
-기타	372	450	723	779	993	794	922	939

출처: 통계청(인구동태통계연보)

 이러한 국제결혼의 추세는 앞으로도 지속될 것으로 보이는데, 한국에 살고 있는 이들에 대한 한국어 보급은 무엇보다 시급한 사항이 될 것이다. 한국어의 보급이 한국이 잘 살기 위한 하나의 수단이자 목적이 되는 것이라면, 이들과 더불어 살기 위해 한국어를 보급하여 한국 문화 속에서 조화롭게 살게 하는 것은 국가적인 사업이 될 수밖에 없는 것이다. 국제결혼 이주자에 대한 국가별 한국어 교육 방법, 그리고 지역별 현황 파악에 따른 대책 마련 등이 시급히 이루어져야 할 것이다.

제7절 한국어의 당면 과제들

21세기 현재 우리가 당면한 문제들을 대략 세 가지로 나누어 살펴보기로 한다. 첫째, 20세기 중반 해방과 더불어 야기되어 지금까지 해결하지 못하고 있는 문제는 남북 분단으로 남북 언어의 동질성 확대가 문제이다. 둘째, 지구 지역의 세계화와 관련하여 급속히 확산되고 있는 문제는 영어의 세계 제패화와 관련된 것으로 우리 민족어의 보존과 생존의 문제이다. 셋째, 20세기의 막바지에 한국이 비약적으로 발전하면서 대두된 새로운 문제는 해외 동포의 급증과 국내 이민자의 급증과 관련된 것으로, 이들에 대해 한국어 교육을 어떻게 할 것인가 하는 문제이다.

7.1. 남북의 언어 분단

현재 한국어는 그 사용의 바탕이 되는 한반도에서 분단의 상황을 맡고 있다. 분단의 상황에서 한국어는 이전의 경험과는 전혀 다른 새로운 경험을 하고 있다. 즉 아득한 옛날 한자를 차용한 이래로 한자를 그대로 사용하거나 혹은 그것을 변용하여 사용하든 그 경우에 관계없이 언어를 표기하는 방식은 동일하였다. 15세기 훈민정음을 창제한 이래로 그것을 사용하는 계층상의 차이는 있었을지언정 한글을 사용하는 경우에는 동일한 표기 방식을 사용하였는데[21] 20세기 중엽에 분단된 이래 대략 60여 년이 지나도록 남과 북은 언어의 내용과 형식의 두 측면에서 지금까지 한국어

---

21 시대나 개인에 따라 표기의 차이가 생기는 것은 본 논의와 무관하다.

가 경험하지 못한 새로운 경험을 하고 있는 것이다.

7.1.1. 내용의 공통성과 이질화—체제와 사상의 불일치

한반도와 만주 일대에 살고 있는 우리 민족은 수천 년 동안 하나의 언어 공동체를 형성하면서 때로는 여러 국가로 나뉘어 살기도 하고 때로는 하나의 통일된 국가로 살기도 했지만, 사상과 이념과 관련하여 언어의 문제가 생기는 일이 없이 공통된 내용을 담은 동일한 언어를 사용하면서 살아왔다. 그런데 남쪽과 북쪽은 언어의 내용을 이루는 사상과 이념을 달리하면서 동일한 단어가 상이한 의미를 가지고, 인식의 기본 틀을 이루는 가치관을 달리하면서 사상의 이질성 속에 언어생활을 영위하고 있는 것이다.

7.1.2. 형식의 공통성과 이질화—규범의 이질화

현재 한국과 조선에서 사용하고 있는 언어 규범은 둘 다 동일한 규범, 즉 조선어학회에서 만든 〈한글맞춤법통일안〉에 기초하고 있다. 그리하여 큰 원칙에 있어서 표현은 상이하지만 동일한 내용을 담고 있다. 구체적인 내용은 다음과 같다.

남쪽과 북쪽에서 사용하고 있는 규범의 원조가 되는 한글맞춤법통일안의 제1항은 "一 한글 맞춤법(綴字法)은 표준말을 그 소리대로 적되, 語法에 맞도록 함으로써 原則을 삼는다."라고 하고 있는데, 남쪽에 현재 사용하고 있는 규범의 제1항도 "한글 맞춤법은 표준어를 소리대로 적되, 어법에 맞도록 함을 원칙으로 한다."라고 되어 있어 원래의 내용과 동일하다. 한편 북쪽에서 현재 사용하고 있는 1987년에 공표된 〈조선말규범집(1987)〉에서는 표현이 상당히 다르다. 1987년 이전의 규범에서 제시하였던 형태주의를 수용하면서, 실질적으로 '소리 나는 대로 적거나 관습을 따르는' 경우를 고려하여 그 내용을 추가한 것인데, 구체적인 내용은 "조선말맞춤법은 단어에서 뜻을 가지는 매개 부분을 언제나 같게 적는 원칙으로 기본으로 하면서 일부 경우 소리 나는 대로 적거나 관습을 따르는 것을 허용한다."라고 되어 있다. 이렇게 표현은 상이하지만 세 규범이 원칙으로 삼고 있는 내용은 첫째 형태소의 기본형을 밝혀 적는 것을 원칙으로 하고, 둘째 밝혀 적는 것이 어법에 무리가 있을 때는 소리 나는 대로 표기한다는 것이다.

그러나 이러한 공통성 외에 남과 북은 표기상 이질적인 표현들을 많이 가지고 있다. 한두 예들을 제시하면, 두음 법칙과 관련된 표기, 사잇소리와 관련된 표기 그리고 띄어쓰기에 관련된 것들이다. 두음 법칙은 남과 북이 서로 다른 발화를 하면서 동일한 표기 원칙 즉 음소적 표기를 하고 있기 때문이고, 사잇소리와 관련된 표기는 동일한 발화를 하면서 표기의 규칙을 달리하였기 때문이고, 띄어쓰기의 문제는 남쪽과 북쪽의 문법관이 다르기 때문에 야기된 현상이다.

7.2. 영어의 도전

현재 한국인이 사용하고 있는 언어는 지난 2000년 내외 기간 동안 간섭을 했던 중국어나 한자와는 여러 가지 측면에서 차원이 다른 도전을 받고 있다. 언어의 주체와 객체 그리고 매체에 이르기까지 이전과 다른 차원의 도전을 받고 있는 것이다. 중국어나 한자가 간섭했던 것과 대비하면 다음과 같다.

7.2.1. 사용 계층

옛날에는 고유어 외에 외국어나 외래어를 사용하는 계층은 역관에 한정되었던 것으로 추정된다. 하지만 현재 영어를 사용하기를 원하거나 사용하고 있는 계층은 외교관에 한정되지 않고, 일정 수준 이상의 교육을 받은 거의 모든 계층으로 확산된 상황이다.

7.2.2. 매체

옛날 한자를 매개한 중국어가 우리 민족에게 전해진 것은 주로 문자의 형태로 종이에 의해서 전달되었지만, 지금의 매체의 발달로 문자뿐만 아니라 음성 언어가 동시에 전달되는 양상을 보이고 있다.

7.2.3. 일상 언어

옛날 한자의 침투는 문헌 자료에 한정되면서 소수의 고급 언어에 한정되었지만, 지금의 영어가 침투하는 양상은 일반인의 일상 언어에 침투하여 언어 자체를 바꾸어 버리는 양상이 확산되고 있다.

7.2.4. 언어 단위

위와 같은 상황으로 옛날에 한자어나 몽고, 만주어, 일본어 등의 차용은 전부 단어 차원의 차용에 한정되었는데, 지금은 문장 단위로서 언어 전체를 차용하는 결과가 빚어지고 있다. 그 과정을 넘어 특정한 학문 분야에 따라 한글 혹은 한국어로 작성된 학술 논문을 보기 어려운 사정이 야기되고, 구어에서는 영어 단어가 포함된 이두식 문장이 분야에 따라 상용되고 있다.

7.3. 다문화 사회의 도래—언어의 공존

21세기 현재 한국 사회는 한국적 다문화가 생성되고 있다. 중국, 필리핀, 베트남, 태국, 인도네시아, 라오스, 캄보디아 등 다양한 나라의 언어를 모국어로 하는 화자들이 한국어의 언어 공동체에 들어와 같이 생활하고 있는 것이다. 그리하여 한국어는 지금까지 겪어보지 못했던 새로운 과제를 부여받게 되는데, 그것은 바로 언어와 문자에 대한 새로운 가치관을 창조해야 하는 일이다. 즉 문화를 상호 인정하면서 언어의 공존을 어떻게 확보하여 민족의 발전과 국가의 부흥에 연결시킬 것인가 하는 과제를 새로 떠안게 된 것이다.

그리하여 국내 이주민에게는 생존권으로서 언어(한국어 혹은 모국어)를 말할 수 권리를 확보할 수 있게 해 주어야 하고, 그를 통해 외국을 대상으로 한 경제적 부의 가치 창조로서의 언어가 기능을 다할 수 있도록 방법을 모색해야 하는 상황이 대두된 것이다.

제8절 결론으로 붙이는 말

한반도 언어 공동체의 생성에서부터 현대 국어에 이르기까지 다시 말해 민족어의 형성과 발전 과정에 나타나는 특징을 간략하게 정리하고, 우리 사회가 나아갈 방향에 대해 막연한 방향을 제시하면 다음과 같이 된다.[22]

8.1. 언어 공동체의 생성 그리고 분화와 통일

현재 우리 민족이 사용하고 있는 언어는 지금으로부터 대략 5,000년 전쯤에 하나의 언어 공동체를 구성한 이후 분화와 통일을 계속하였다. 최초의 분화는 중국 한나라 무제가 고조선을 멸망시킨 후 평양을 중심으로 한 지역에 한사군을 설치하면서[23] 시작된다. 한반도의 북부에 낙랑군을 중심으로 한 중국 한나라의 군현이 설치되면서 우리 민족어는 그 북쪽의 부여, 고구려를 중심으로 하는 언어군과 그 남쪽의 마한, 진한, 변한에서 빌달하는 신라, 백제, 가야 등의 언어군으로 분화하게 되는 것이다.

이러한 초기의 분화 현상은 신라의 통일로 남쪽 방언권이었던 지금의 경주를 중심으로 하는 신라어 중심으로 언어 공동체가 다시 형성되고, 이

---

[22] 앞으로 정리하는 통시적인 내용은 언어 이외의 부류가 가지는 내용과 공통적일 것이다. 이러한 공통적인 요소를 공유하면서 언어를 분야를 한정시키면 국어는 국어 나름의 개별적인 특성을 더 가지게 된다.
[23] 한사군의 영역은 우리 민족이 건국한 최초의 국가인 조선의 영역이라고 보아도 크게 무리가 없을 듯하다. 다시 말해 한사군의 영역 추정은 옛 조선의 중심적인 영역의 추정과 평행해지는 것이다.

언어에 의해 우리 민족어가 다시 통일되게 되는 것이다.

경주 말을 중심으로 재정립된 우리 민족어는 문화의 중심이 되는 중앙어 형성에서 지리적인 이동(경주에서 개성으로 이동)과 사용자의 변화(새로운 지배 세력의 형성)가 있었지만 20세기 중반기까지 단일한 언어 공동체를 형성하였다.

20세기 후반에 자체적인 독립의 기회를 놓치고, 다시 언어적 분열의 시기로 접어드는데 우리 민족어 최초로 언어의 내용과 형식을 달리하는 초유의 사태에 빠져들게 되는 것이다. (이에 대해서는 뒤에서 재론함.)

8.2. 새로운 문자 생활

인간은 인간의 특징으로 언어를 사용하고, 언어를 표기하기 위한 문자를 병용하는데 문자의 사용에 관한 한 우리 민족은 대단히 특이한 민족이고, 세계 문자사를 새로 쓰게 한 민족이기도 하다. 간략하게 정리하면 다음과 같다.

8.2.1. 한자의 창조적인 차용

고유한 문자가 없던 시절 한자를 빌어와 우리말을 표기하는데, 그 방법은 음독, 음차, 훈독, 훈차 등의 방법을 음독, 음차 등의 사용 방법은 중국에서 이미 사용되던 방법이고, 뜻을 이용하여 우리말을 표기하는 훈독, 훈차 등의 방법은 한자를 사용하되 독창적인 표기법을 정비한 것이다.

8.2.2. 새로운 문자의 창제

15세 중엽에 세종은 지구의 문자사를 바꿀 문자를 창제한다. 소리의 차별성과 공통성을 인식하여 우선 자음과 모음을 구분하고, 자음에서는 조음의 위치와 조음 방법을 고려하여 새로운 문자를 창제한다. 그리고 모음에서 혀의 위치와 원순성 그리고 개구도에 바탕을 둔 문자를 개발한다. 당시 28자가 유기적인 관련 속에서 창제되어 지금까지 사용되고 있고, 지구상에서 자음과 모음의 자질에 바탕을 둔 자질 문자가 창제된 것이다.

8.2.3. 조화로운 표기법 정비

20세기에 들어와서 표기법을 전면적으로 교체한다. 표현상으로는 '어법에 맞게'로 되어 있는데, 이 말은 기본형을 밝힐 것은 밝히고 그렇지 못한 것은 소리 나는 대로 표기하는 것이다. 이는 '공시적 음운 규칙의 타당성'에 따라 두 원칙의 조화를 지켜낸 것이다. 즉 전혀 다른 두 표기법이 조화를 이루게 하기 위해서는 이를 조정할 원칙이 있어야 되고, 이 원칙을 확립하기 위해 수십 년간 토론을 벌이는 것이다.

8.3. 외국어의 접촉과 수용

우리 민족은 조상되는 어떤 언어로부터 분화된 이래 하나의 언어 공동체를 형성하지만 주변에 있는 외국 문화와 접촉하면서 그것의 문물을 언어와 함께 수용하였을 것으로 짐작된다. 그러한 교류의 최초는 우리 민족의 북쪽 혹은 북서쪽에 살았던 만주족이나 몽고족 혹은 터키족의 조상들이었을 것으로 짐작되지만 이에 대한 기록을 가지지 못한다. 그래서 우리의 교류사는 중국 한족과의 교류사로부터 출발하고 언어의 접촉과 수용 역시 중국어의 수용으로부터 그 역사가 시작되는 것이다.

중국과 최초로 접촉한 것이 언제인가 하는 문제는 아직도 수수께끼이지만 중국으로부터 이주한 기자가 기자 조선으로 건국하는 것이나 중국 연왕의 부하 위만이 기자 조선의 준왕을 축출하고 위만 조선으로 건국하는 일, 그리고 전한의 무제가 위만 조선을 멸망시키고 한사군을 설치하는 일 등은 중국의 문물이 일찍부터 전래되고 그 문물과 더불어 언어가 수용되었을 것으로 짐작할 수 있다.

중국식 문물의 수입과 한자어의 확산은 삼국 시대 이래 조선 시대에까지 지속적으로 이루어진 것으로 확인된다. 고구려의 소수림왕이 중국식 교육기관을 설치하고 한문과 유학을 가르치는 것이나, 백제에서 중국의 한문과 유교를 수입한 것이나, 신라에서 국학을 설치하여 중국의 경전을 교육하는 것은 모두 민족의 고유어 속에 한자어의 수용을 의미하는 것이다. 통일 신라 시대 독서출신·삼품과라는 과거 제도를 실시하고, 당나라에 유학생을 보내는 것 역시 한자어의 수용과 확산을 의미하는 것이고, 고려 광종 때 본격적인 과거 제도를 실시하는 것 역시 한자어의 수용과 확산으로 이어지게 된다. 그리하여 민족 고유어와 때로는 역할 분담을 하거나 때로는 민족 고유어를 사멸시키게 하는데, 한자어에 의한 이 현상은 조선 말까지 지속되게 된다.

개화기에 이르러 외국어와의 접촉은 전혀 새로운 양상으로 변호하게 되는데, 그것은 한자어 중심의 외국어 접촉에서 서구어 중심의 외국어 접촉으로 그 양상이 변모하게 되는 것이다. 특히 20세기 말이나 21세기 현재의 상황에서는 세계가 하나의 네트워크를 구성하면서 영어 중심으로 재편되는 상황이 벌어져 민족 고유어가 이전과 전혀 다른 새로운 도전을 맞게 되는 것이다.

8.4. 영역의 확산과 축소 그리고 재확산

우리 민족어는 단일한 언어 공동체를 구성한 이래 많은 영역에서 확산과 축소의 과정을 겪어 왔다. 언어 외적인 차원에서 고유어를 사용하는 사용자가 거주하는 영역에서 확산과 축소의 과정을 반복하였고, 언어 내적인 차원에서 문법 형태소나 문법 범주, 음운 목록과 체계, 어휘 의미 등 언어의 모든 분야에서 역사의 흐름 속에서 생성과 소멸 그리고 영역의 확산과 축소를 반복해 온 것이다.

고유어 사용자의 거주 영역의 차원에서 보면, 고조선의 멸망 후 한반도의 북부 지역을 빼앗겼다가 고구려에 의해 그 영역을 확보했으며, 고구려의 멸망 이후 만주 지역을 빼앗겼다가 19세기나 20세기에 와서 한반도인의 이주로 부분적으로 복구되었다. 중앙아시아 등지는 구소련의 강제 이주로 우리 민족 고유어의 활동 영역으로 부분적으로 편입되었다가 실질적인 차원에서는 거의 소멸하는 단계에까지 이르게 된다. 21세기 초반기인 지금은 한국인의 적극적인 해외 진출로, 그리고 한국어를 배우고자 하는 사람들의 확산으로, 한국어를 사용하는 영역은 거의 지구 전 지역으로까지 확산되고 있다.

언어 내적인 차원에서 보면 가장 특기할 사항은 외래어의 침투와 고유어의 사멸이다. 이러한 현상은 초기에는 한자어에 의해 발생했었는데, 지금은 서구어 특히 영어에 의해 가속화되고 있다.

8.5. 다원적 일원론의 정립

우리는 다원주의적 입장에서 우리 사회가 어떻게 나아가야 하는가 하는 문제를 조금 논의하였는데, 여기서 우리가 또 명심하여야 할 사항은 문화 상대주의적인 시각을 초래할 수 있는 위험성이다. 예를 들면 모든 문화가 독자적인 사회적, 역사적 배경에 의하여 독자적인 세계관을 갖는다면 문화 상호 간에는 어떤 공통성이나 보편성이 존재하지 않는가 하는 의문을 제기할 수 있는 것이다. 다시 말해 인류 문화의 내면에 보편적으로 존재하는 그 무엇은 존재하지 않는가 하는 질문이다. 개별 문화의 특수성만 고려하고 전체 문화의 공통성이나 지향점은 존재하지 않아도 되는가 하는 문제이다.

이에 대한 우리의 시각은 모든 존재에는 보편성과 개별성이 상보적으로 공존한다는 것이다. 모든 인간이 공유하는 인간으로서의 보편성과 개인으로서 가지고 있는 특수성이 상보적으로 공존하여 한 인간을 구성하듯이, 모든 문화는 인간이 문화를 만들어 가는 과정에 기본적으로 존재하는 보편성과 그 문화만이 가지고 있는 개별성의 조합 내지는 조화로 만들어지는 것이다.

이것이 다원주의와 일원주의가 조합되는 이유이다. 한국 사회에서 여러 문화의 공존을 인정하되(다원적), 한국 사회가 보편적으로 추구해야 할 보편적인 가치관은 새로이 정립하면서 발전시켜야 하는 것이다(일원적).

한국 사회가 하나의 보편적인 정체성을 가지고 발전하기 위해서는 구성 요소 상호 간에 공감대를 확대하기 위한 소통이 이루어지고, 갈등과 대립적 요소가 있을 때는 이를 치료함으로써 미래를 위해 새로운 가치관—동일한 지향점을 창조하여 이를 향해 같이 나아가야 할 것이다. 이를 위해 다음과 같은 개념들을 인식과 삶의 원칙으로 수립해야 할 것이다.

가. 소통: 다원적 요소가 서로 통하여 오해가 없게 함.
나. 치유: 갈등과 대립의 요소를 치료함.
다. 동일한 지향점: 미래 창조적인 가치관 형성.
라. 조화: 전체와 부분 등이 보편성과 다양성(개별성)의 조화를 이룸.

참고 문헌

강길운(1988), 『한국어 계통론』, 형설출판사.
강인순(2007), 「체언 말자음의 마찰음화 양상 연구」, 『청람어문교육』(청람어문교육학회) 36.
강희숙(1992), 「국어 마찰음화에 대한 연구: 전남방언을 중심으로」, 『인문과학연구』(조선대학교 인문과학연구소) 14.
고광모(2012) 「15세기 국어의 종성 /ㅅ/에 대하여」, 『국어학』(국어학회) 64.
고광모(2014), 「체언 끝의 변화 'ㄷ, ㅈ, ㅊ, ㅌ 〉 ㅅ'에 대한 재론」, 『언어학』(한국언어학회) 70.
고광모(1989), 「체언 끝의 변화 ㄷ〉 ㅅ에 대한 새로운 해석」, 『언어학』(한국언어학회) 11.
곽충구(1985), 「'쎄-'(貫)의 통시적 변화와 방언 분화」, 『국어학』(국어학회) 14.
곽충구(1980), 「18세기 국어의 음운론적 연구」, 『국어연구』(서울대학교 대학원) 43.
곽충구(1984), 「체언어간말 설단자음의 마찰음화에 대하여」, 『국어국문학』(국어국문학회) 91.
곽충구(1994), 『함북 육진방언의 음운론』, 태학사.
국어사연구회 편(1997), 『국어사 연구』, 태학사.
김형규(1977), 『國語史 硏究』, 일조각.
김경아(2006), 「'햇빛'과 '햇볕'에 대한 단상」, 『태릉어문연구』(서울여자대학교 인문과학대학 국어국문학과) 14.
김경아(1995), 「체언어간말 설단자음의 변화」, 『관악어문연구』(서울대학교 국어국문학과) 20.
김경아(1999), 「형태음운론적 교체와 형태음운부」, 『형태론』(형태론학회) 1.2.
김동소(1998), 『한국어 변천사』, 형설출판사.
김방한(1983/1996), 『한국어의 계통』, 민음사.
김방한(1988), 『역사비교언어학』, 민음사.
김봉국(2005), 「체언 어간말 중자음의 변화 양상」, 『국어학』(국어학회) 45.

김수경(1989),『세나라시기 언어력사에 관한 남조선학계의 견해에 대한 비판적 고찰』, 평양출판사.

김완진(1972),「다시 β, w를 찾아서」,『어학 연구』(서울대 어학연구소) 8-1.

김완진(1974),「음운 변화와 음소의 분포―'뷩'의 경우―」,『진단학보』(진단학회) 38.

김완진(1996),『음운과 문자』, 신구문화사.

김유범(2010), 한국어의 계통과 형성, 강의자료(고려대학교/대학연합공개강의 포털).

김태경(2008),「서울 지역의 체언 말음 변화에 관한 연구」,『국제어문』(국제어문학회) 44.

김흥규·강범모(2000),『한국어 형태소 및 어휘 사용 빈도의 분석 1』, 고려대학교 민족문화연구원.

남풍현(1981),『차자표기법 연구』, 단국대출판부.

都守熙(1977),『百濟語 硏究』, 亞細亞文化社.

문양수(1974),「역사언어학」,『어학연구』(서울대 어학연구소) 10-2.

박병채(1990),『고대 국어의 음운 비교 연구』, 고려대학교출판부.

박선우(2006),「한국어 체언말 마찰음화의 유추적 분석」,『음성·음운·형태론 연구』(한국음운론학회) 12-1.

박창원(1986),「음운 교체와 재어휘화」,『어문논집』(경남대학교 사범대학 국어교육과) 2.

박창원(1990),「음운 규칙의 통시적 변화」,『강신항선생 회갑기념 국어학논문집』, 태학사.

박창원(1992),「경남 방언의 모음 변화와 상대적 연대순―필사본 '수겡옥낭좌전'을 중심으로」,『가라문화』(경남대학교 가라문화연구소) 9.

박창원(1995),「고대 국어(음운) 연구 방법론 서설」,『국어사와 차자 표기』(소곡 남풍현 선생 회갑 기념 논총), 태학사.

박창원(2002),『고대국어음운 (1)』, 태학사.

박창원(2009),『한국어의 정비와 세계화 1』, 박문사

박창원(1991),「음운규칙의 변화와 공시성―움라우트 현상을 중심으로」,『국어

학의 새로운 인식과 전개』, 서울대학교 대학원 국어연구회 편.

박창원(2020), 「다문화 사회를 위한 다원적 일원론」, 『통합인문학연구』, 방송통신대학교.

백두현(1992), 『영남 문헌어의 음운사 연구』, 태학사.

송　민(1986), 『전기 근대 국어 음운론 연구』, 탑출판사.

심재기(1982), 『국어 어휘론』, 집문당

안병희(1976), 「훈민정음의 이본」, 『진단학보』(진단학회) 42.

오재혁(2006), 「체언말 자음의 교체현상에 대한 연구」, 고려대학교 석사학위논문.

오재혁·신지영(2007), 「체언말 자음의 교체 현상과 동음 충돌」, 『한국어학』(한국어학회) 34.

오정란(2015), 「모음간 노력 경제 현상으로서의 마찰음화와 평폐쇄음화」, 『한국어학』(한국어학회) 68.

오정란(2007), 「어휘부의 내부 범주화와 음운론」, 『한국어학』(한국어학회) 36.

유창균(1980), 『한국 고대 한자음의 연구』, 계명대 출판부.

유필재(2006), 『서울 방언의 음운론』, 월인.

이기문(1963), 『국어 표기법의 역사적 연구』, 한국 연구원.

이기문(1972), 『개정 국어사 개설』, 민중서관.

이기문(1975), 「한국어와 알타이 제어의 비교 연구」, 『국어학 논문집 10』, 민중서관.

이기문(1987), 『한국어형성사』, 삼성미술문화재단.

이기문(1991), 『국어 어휘사 연구』, 동아출판사.

이동석(1997), 「구개음화의 어휘화와 'ㅅ' 종성에 대하여」, 『한국어학』(한국어학회) 6.

이동석(2009), 「마찰음화 현상과 약자음화 현상」, 『어문논집』(민족어문학회) 60.

이병근(1976), 「파생어 형성과 i 역행 동화 규칙들」, 『진단학보』(진단학회) 42.

이병근(1979), 「한국 방언 연구의 흐름과 반성」, 『방언』(한국정신문화연구원) 1.

이병근(1975), 「음운 규칙과 비음운론적 제약」, 『국어학』(국어학회) 5.

이병근(1976), 「파생어 형성과 I 역행동화 규칙들」, 『진단학보』(진단학회) 42.

이병선(1982), 『한국 고대 국명 지명 연구』, 형설출판사.

이봉원(2002), 「현대국어 음성·음운 현상에 대한 사용기반적 연구」, 고려대학교 박사학위논문.
이상억(2009), 「언어학의 경향과 국어학에의 적용」, 『지식의 지평 6』, 아카넷.
이숭녕(1955), 「신라 시대의 표기법 체계에 관한 시론」, 『서울대 논문집 인문사회과학』 2.
이승재(1983), 「재구와 방언 분화―어중 '-시-'류 단어를 중심으로」, 『국어학』(국어학회) 12.
이주행(2002), 「서울 방언의 음운에 대한 연구」, 박영순 편, 『21세기 국어학의 현황과 과제』, 한국문화사.
이진호(2011), 「국어 음운사 연구를 위한 기본 개념」, 『관악어문연구』(서울대학교 국어국문학과) 36.
이진호(2004), 「삿(簞)에 대한 국어사적 고찰」, 『국어학』(국어학회) 43.
이현규(1985), 「국어 형태 변화에 대한 표기의 간섭」, 『한글』(한글학회) 189.
임현열(2009), 「설정장애음의 마찰음화에 의한 체언 재구조화의 실현 양상―어절 사용 빈도와의 상관성 분석을 중심으로」, 『한국어학』(한국어학회) 45.
전광현(1971), 「18세기 후기 국어의 일고찰」, 『논문집』(전북대) 13.
전상범(1975), 「규칙 재배열과 자유 교체」, 『어학연구』(서울대학교 어학연구소) 11-2.
정연찬(1981), 「근대 국어 음운론의 몇 가지 문제」, 『동양학』(단국대 동양학연구소) 11.
최기호(1994), 「알타이어족설의 문제점」, 『한글』(한글학회) 227.
최기호(1995), 「백제어의 연구―문헌자료에 관하여」, 『인문과학연구』(상명대학교 인문과학연구소) 4(0).
최기호(2005), 「몽골어와 한국어의 계통적 위치」, 『청람어문교육』(청람어문교육학회) 32(0).
崔林植(1990), 「체언어간말 설단자음의 마찰음화」, 『한국어문연구(구 계명어문학)』(한국어문연구학회) 5.
최명옥(1978), 「동남 방언의 세 음소」, 『국어학』(국어학회) 7.
최명옥(1993), 「어간의 재구조화와 교체형의 단일화 방향」, 『성곡논총』(성곡언

론문화재단) 24.

최무림(1990), 「체언 어간말 설단자음의 마찰음화」, 『계명어문학』(계명어문학회) 5.

최전승(1986), 『19세기 후기 전라방언의 음운현상과 그 역사성』, 한신문화사.

최태영(1977), 「국어 마찰음고」, 『이숭녕선생 고희기념 국어국문학논총』, 탑출판사.

최학근(1988), 한국어 계통론에 관한 연구, 명문당.

최현배(1976), 『고친 한글갈』, 정음사.

최혜원(2004), 『표준 발음 실태 조사 3』, 국립국어원.

홍윤표(1986), 「근대 국어의 표기법 연구」, 『민족 문화 연구』(고려대 민족문화연구소) 19.

홍윤표(1994), 『근대 국어의 연구』, 태학사.

Andersen, Henning, *Analogy and morphological change*, By David Fertig, Diachronica, 32(1), 115-120, John Benjamins Publishing Company, 2015.

Anttila, R., *An Introduction to Historical and Comparative Linguistics*, Macmillan Publishing Co., Inc. 박기덕·남성우 옮김(1995), 『역사비교언어학 개론』, 민음사, 1972.

Anttila, R., *An introduction to Historiacl and Comparative Linguistics*, New York: Macmillan Publishing Co., Inc. 1972.

Blevins, James P, *Analogy in grammar*, Oxford University Press, 2009.

Bynon, T., *Historical Linguistics*, Cambridge Univ. Press, 1977.

David L. Fertig, *Analogy and morphological change*, Edinburgh: Edinburgh University Press, 2013.

G.J. Ramstedt, *Remarks on the Korean Language*, MSFOU, 1928.

Hock, H. H., *Principles of Historical Linguistics*, Mouton de Gruyter, 1986.

Hoenigswald, H. M., *Language Change and Linguistic Reconstruction*, The Univ. of Chicago Press, 1960.

Itkonen, Esa, *Analogy as structure and process*, John Benjamins, 2005.

J. Street, *Review of N. Poppes Vergleichende Grammatik der Altaichen Sprachen*, Language 38, 1962.

Jakobson, R., *Principles of Historical Phonology*, 이덕호 역(1977), 『음운론』, 범한서적, 1931/1949/1972.

Jeffer, R. J. & Ilse Lehiste, *Principles and Methods for Historical Linguistics*, The MIT Press, 1979.

King, R, D, *Historical linguistics and generative grammar*, Englewood cliff, Han Shin, 1969/1978.

Kiparsky, *Historical linguistics, In Dingwall, A Survey of Linguistic Science*, University of Maryland Press, 1971.

Lahiri, Aditi, *Analogy, levelling, markedness*, Mouton de Gruyter, 2003.

N. Poppe, *Introduction to Altaic Linguistics*, Wiesbaden, 1965.

Ramstedt, G.J., *A Korean Grammar*, Oostehout N.B, Netherlands, Anthropological Publications, 1939.

Remez, R.E. *Analogy and disanalogy in production and perception of speech*, Language Cognition And Neuroscience, 30(3), Taylor &Francis, 2015.

Skousen, Royal, *Analogy and structure*, Kluwer Academic Publishers, 1992.

《국어사대계》 발간의 말씀

한 학문 분야의 연구 내용을 집대성하는 '대계'를 만드는 것, 이것은 한 학문 분야가 제대로 성과를 내어 축적되는 과정에서 그 분야의 연구자라면 누구나 갖게 되는 뜻깊은 소망 중의 하나일 것입니다.

그래서인지 "우리도 이제《국어사대계》를 만들자."라고 하는 논의가 대략 20여 년 전인 1999년부터 있었습니다. 그때는 전광현 선생님과 송민 선생님의 회갑을 기념하는《국어사 연구》를 만들고 난 직후입니다. 당시의 필자들을 중심으로 국어사 대계를 준비하고, 송민 선생님께서 그 준비금으로 국어사연구회에 거금을 희사하시기도 했는데, 당시의 상황이 정확하게 기억이 나지 않지만, 필자들에게 보낼 안내 메일까지 만들었던 것을 보면 상당히 구체적으로 논의가 되었던 모양입니다.

이제 20여 년이 지난 지금에서야 비로소《국어사대계》를 간행할 수 있게 되었습니다.《국어사대계》는 크게 세 부분으로 이루어집니다. 20년 전 40~50대가 주축이 되어 집필하였던《국어사 연구》를 수정·보완한 것이 첫 번째 부분이고, 국어사를 전공하였던 원로 선생님들의 기라성 같은 논문을 선별하여《국어사 논문 걸작선》을 간행한 것이 두 번째 부분입니다. 그리고 2020년 이후 현재 40~60대 연구자를 중심으로 집필진을 새로이 구성하여 개별 주제에 대해 집필하여 대계를 완성하고자 하는 것이 세 번째 부분입니다. 그리하여 국어사 학계의 노력 모두를 아우른《국어사대계》를 간행함으로써 국어사 연구에서 시대를 획하는 작업을 하고자 하는 것입니다.

근대적인 학문으로서의 국어학이 시작된 지 100년이 훨씬 넘었습니다. 초기의 국어 연구는 대다수가 역사적인 문제를 다루었으므로 국어사 연구가 자연히 국어 연구의 중심 분야로 자리 잡고 있었습니다. 물론 1960년대 이후 현대국어를 중심으로 한 공시적인 연구가 부상하면서 현재는 국어사가 예전만큼 큰 위상을 지니지는 못하지만 여전히 국어학 연구의 중요한 분야임에는 틀림이 없습니다. 100년이 넘는 동안 국어사에 관한 수많은 논문이 쓰였고, 이 연구들을 통해 이루어진 성과는 너무도 방대합니다. 그런데 역사에 관심이 적은 다수의 국어학 연구자들이 국어사의 성과들을 잘 이해하지 못할 뿐 아니라 국어사 연구자라도 자신의 세부 전공이나 관심 영역 밖에 있는 주제에 대해서는 정확히 알지 못하는 상황이 되었습니다.

이미 간행되어 연구자들에게 활용되고 있었어야 마땅한 《국어사대계》가 존재하지 않아 늘 안타깝게 생각해 오던 차에, 몇 사람(박창원, 한재영, 김성규, 신중진)의 발의에 의해 2017년 3월 18일 '국어사대계 준비위원회'(박창원, 한재영, 정재영, 김성규, 장윤희, 정인호, 황선엽, 이진호, 이상신, 신중진)가 조직되어 《국어사대계》 편찬을 위한 사전 논의를 진행하였습니다. 이후 현실적인 어려움과 난처함을 겪기도 했지만 《국어사대계》 전체 목차의 윤곽이 나오고 집필진이 꾸려졌으며, 2017년 8월 24일에는 집필진들이 모여서 《국어사대계》 집필을 위한 발대식을 거행하기도 하였습니다. 2020년 이후 '국어사대계 간행위원회'(박창원, 한재영, 김성규, 장윤희, 황선엽, 이진호, 이상신, 신중진)가 본격적으로 《국어사대계》의 각 부분들을 순서대로 간행하기에 이르렀습니다. 《국어사대계》의 간행을 위해 애써 주신 간행위원들과 특히 각자 맡은 분야를 열심히 집필해 주시는 집필진께 깊은 감사의 말씀을 드립니다. 그리고 어려운 원고를 입력해 준 2019년 당시 이화여자대학교 대학원 학생들에게 고마운 마음을 전합니다. 마지막으로 이 책의 간행에 많은 도움을 주신 태학사 지현구 회장님을 비롯한 출판사 여러분께도 감사의 마음을 전합니다.

'국어사대계 간행위원회'를 대표하여 박창원 삼가 적음

《국어사대계》 전체 목록

제1부 국어사 연구의 주요 주제

『국어사 연구 1 — 계통·문자체계·시대구분·음운』
한국어의 계통과 형성 과정
- 한국어의 계통(박창원)
- 한국어의 형성 과정(정광)

문자체계의 변화
- 차자표기의 변화(이승재)
- 국어 음절 짜임새와 훈민정음(임용기)
- 한국한자음의 변화(권인한)

시대 구분
- 국어사의 시대 구분(송민/박창원)
- 국어 문법사의 시대 구분(홍종선)
- 국어 어휘사의 시대구분에 대하여(민현식)

음운의 변화
- 국어의 통시음운론 개관(최명옥)
- 음절의 변화(곽충구)
- 자음의 변화(정승철)
- 모음의 변화(한영균)
- 성조의 변화(김성규)

『국어사 연구 2 — 문법·어휘』
  문법의 변화
    문법 변화 개관(권재일)
    경어법 선어말 어미의 변화(서정목)
    시상의 변화(이남순)
    '-오-'의 변화(정재영)
    어말어미의 변화(서태룡)
    국어 격조사의 변화(이태영)
    후치사의 변화(서종학)
  어휘의 변화
    국어 어휘의 구조와 특징(심재기)
    어간교체형의 변화(한재영)
    합성법의 변화(김창섭)
    파생법의 변화(송철의)
    어휘 의미의 변화(남성우)
    외래어의 차용과 변용(민현식)

제2부 국어사 연구의 대표 논문

『국어사 논문 걸작선』
  '·'音攷(이숭녕)
  語頭 子音群의 生成 및 發達에 對하여(이기문)
  揷入母音攷: 15世紀 國語의 一人稱 活用과 對象 活用에 對하여(허웅)
  國語 母音體系의 新考察(김완진)
  古代 國語의 漢字音研究(聲類篇)(박병채)

四聲通解의 音系研究序說(강신항)

중세 국어 성조의 변동과 기본형(정연찬)

派生語形成과 i 逆行同化規則들(이병근)

韓國語 語頭 h-의 起源 및 語頭 子音群語와 旁點(김방한)

鄕歌의 語學的 硏究의 基準(김완진)

18世紀 前記 國語의 一考察:「伍倫全備諺解」를 中心으로(전광현)

한국어와 만주어의 비교 연구 (1): 알타이 조어의 어두 파열음 체계 재구에 관한 문제점(성백인)

중국 상고 한자음의 성모 체계(이돈주)

中世國語의 謙讓法 硏究에 대한 反省(안병희)

叙述性語尾와 冠形詞形語尾의 關聯性에 관한 硏究(고영근)

近代國語 音韻論의 諸問題(송민)

國語史 硏究의 反省(이기문)

문법화의 단계와 형태소 형성(이승욱)

世宗의 訓民正音 創制와 그 協贊者(안병희)

제3부 국어사 연구의 새 지평

『국어사대계 서설』(박창원)

· 국어사 연구 방법과 자료
　『국어사 연구 방법』
　『중세 한글 자료』
　『근대 한글 자료』
　『구결 자료』

『이두 자료』

· 문자사

『조선시대의 한글 교육과 확산』(백두현)

『훈민정음』

『차자표기의 변화』

『한글표기의 변화』

· 음운사

『국어 한자음의 역사』(김무림)

『국어 운소의 역사』(이문규)

『국어 음절의 역사』(신승용)

『자음체계와 음가』

『음운현상과 규칙』

『모음체계와 음가』

『음운현상과 규칙』

『이중모음』

· 문법사

『문법체계의 변화』

『문장 구조의 변화』

『격조사의 변화』

『후치사의 변화』

『경어법의 변화』

『시제의 변화』

『선어말어미 '-거/어-'의 변화』

『선어말어미 '-오-'의 변화』

『서법의 변화』

『피사동법의 변화』

『부정법의 변화』

『접속법의 변화』

- **어휘사**

    『국어 파생법의 역사』(구본관)

    『어간 교체형의 변화』

    『의미의 변화』

    『어종의 변화』

    『합성법과 합성어의 변화』

    『어휘화와 문법화에 따른 어휘의 변화』